★ 建设更高水平的"齐鲁粮仓"县域样板书系 ★

扛牢"国之大者"的政治责任
——粮食生产中的有为政府

刘　岳　杨润峰　胡欣然◎著

人 民 出 版 社

目　　录

第一章　县域粮食生产体系中的 "有为政府"

　　处理好政府和市场关系是经济体制改革的核心问题,要坚持有效市场和有为政府更好结合。完善市场经济基础制度,必须着眼于遵循市场经济一般规律,更加有利于充分发挥市场在资源配置中的决定性作用,着力解决政府干预过多和监管不到位问题。必须着眼于更好发挥政府作用,更加有利于保持宏观经济稳定、维护市场秩序和弥补市场失灵。必须着眼于厘清政府与市场边界,更加有利于转变政府职能、加强和优化公共服务,转变经济发展方式激发全社会内生动力和创新活力。① 有效市场和有为政府相辅相成、相互依存、相互统一。目前关于有为政府的理论框架多被应用于第二产业和第三产业的区域发展案例分析之中。但实际上,在农业现代化进程中,我国第一产业的发展也早已不再是单纯一家一户的经营方式,多元化的市场主体与强有力的政府投入在粮食生产中扮演着日益重要的角色,这一领域的政府作用研究亟待

---

① 《中共中央关于进一步全面深化改革、推进中国式现代化的决定》辅导读本,人民出版社 2024 年版,第 182—183 页。

与实践接轨。

本书基于对山东省齐河县的实地研究,考察该县政府是如何在国家项目制扶持和以农户为主的现实中找到推进粮食生产的县域有效路径。全书将从农业发展规划体制、粮食生产管理体系、农业标准化生产、财政扶持和整建制推进的关键措施等方面呈现实地研究的成果。齐河县政府通过在上述方面的努力,厘清在县域组织粮食生产的政府作用范围和边界,从而得以正确处理县域粮食生产中的政府与市场关系,确立起了有效的解决方案。在分析齐河县案例的过程中,全书梳理了有关中央政策和当地政策演变,尽力了解齐河县的各种具体做法,从中分析县级政府推进粮食生产政府可作为的空间和工作方式。

第一节　以粮食高产稳产为"比较优势"的县级政府

粮食生产大县如何负责任地抓粮食生产,是落实国家粮食安全战略政策研究中的主要问题。对我国粮食生产和供给保障的研究,按照研究对象,可以分为三类:第一类是关于全国范围的粮食生产和供给保障的研究,第二类是对粮食主产区的研究,第三类是对粮食主产的研究。第一类研究居多,第二类研究次之,第三类研究则最少。这在一定程度上说明,专注对一个县的粮食生产进行研究,是研究难度较大的。为了回答上述问题,本章以产粮大县齐河县为例,在深入理解粮食生产基础设施和社会化服务的公共品属性之上试图寻找和提炼合理的解决方案。

一、齐河县政府的"粮食绩效"

绩效激励是任何组织存续都必须面对的问题,政府组织同样如此,公共行政哲学范式的演进致使人们对政府管理的内容与范围发生了明显的变化,直接导致了政府绩效管理方式的改变。[①]地方经济绩效一度作为主政官员考核的重要指标与激励工具紧密捆绑,随着服务型政府的建设,民生指标等公共服务指标被越来越多地纳入考核体系。[②] 随着实践的不断进展,人们逐渐发现晋升锦标赛并不构成地方官员唯一的激励方式,基于晋升激励资源的有限性和地方官员个体需求的差异性,将更优的岗位轮岗、制造流动、治域进阶、声誉激励、容错免责等隐性激励作为地方官员晋升激励的重要补充。[③] 那么,在粮食生产这一兼具国家安全、民生福祉与地方经济的发展领域,地方政府的绩效与激励形态是怎样的?

要想深入理解粮食生产中的绩效与激励机制,深入县一级进行研究是有效方法。本书之所以选择山东省齐河县作为案例,是鉴于研究我国的粮食安全政策、粮食经济发展问题,仅仅从国家和省的层级进行分析还不够具体,专门聚焦一个县的粮食生产过程中政府作用的研究相对欠缺。1997 年《藁城农业:粮食主产县(市)发展经济的道路》是对粮食主产县经济不同专题的工作报告的汇编和全面研究,粮食生产仅作为其中一部分有所涉及,时至今日,国内还缺乏对县域内粮食生产组织过程进行专门研究的著作。齐河县是全国现代优质粮食产业示范区,积极打造稳产高产、产业

---

① 保海旭、杜宁让:《政府绩效激励变迁与解构》,《兰州学刊》2015 年第 1 期。
② 袁方成、王悦:《以赛促治:"达标锦标赛"如何驱动治理有效》,《公共行政评论》2023 年第 6 期。
③ 陈朋:《隐性激励:地方官员激励机制的一种客观形态》,《浙江学刊》2023 年第 2 期。

集聚、成龙配套、优质高效的国家级粮食安全产业县,连续 7 年荣获全国粮食生产先进县,被授予国家农业绿色发展先行区、全国农业绿色发展先行先试支撑体系建设试点县、全国农民合作社质量提升整县推进试点县、山东绿色优质小麦订单种植基地县、省部共同打造乡村振兴齐鲁样板示范县暨率先基本实现农业农村现代化试点县等称号,是研究县级政府在粮食生产中作用的理想案例。

在山东省推进粮食生产的过程中,齐河县始终作为主力县站在前台。齐河县根据国家粮食生产的战略规划,不间断地提出相应的工作目标,带动全县粮食生产不断上台阶。齐河县位于黄淮海强筋小麦、优质玉米优势产业带内,有着良好的高产创建条件:一是气候条件好。齐河县属暖温带半湿润大陆性季风气候,四季分明,干湿季明显,年均无霜期 217 天,平均日照时数 2680 小时,雨热同季,光照充足,适宜粮食作物生长。二是水浇条件好。黄河穿越县境,境内沿黄 62.5 千米,有 4 座引黄闸,17 条干渠,水网体系完善,年引黄量 3.5 亿立方米,引黄灌溉能力达 95% 以上;浅层地下水可开采资源 3.5 亿立方米,具备良好的水浇条件。三是耕地条件好。齐河县属黄河冲积平原,土质肥沃,土壤质地以中轻壤土为主,耕地地力较好,一、二、三等级耕地面积占到总耕地面积的66%。人均占有耕地 2.4 亩,耕地成方连片,非常适于小麦、玉米等作物栽培。四是群众基础好。齐河县是传统农业大县,粮食收入是农民收入的主要来源,当地群众历来注重粮食生产,投入意识和科技意识较强,具有实施高产创建的坚实基础。

长期以来,齐河县委、县政府以粮食绿色高产高效创建为主抓手,打造绿色增产模式攻关升级版,取得了显著成效。2015 年,齐河县建成了 80 万亩绿色增产模式攻关高产高效示范区,成为全省乃至全国面积最大、标准最高的大方田粮食生产示范区。2016年，农业部组织专家对30万亩核心示范区实打测产验收，小麦平均单产651.6公斤、玉米平均单产801.7公斤，夏、秋两季亩均产量达到1453.3公斤；全县全年粮食总产27.98亿斤，成为连续9年总产过20亿斤的超级产粮大县。2021年9月，德州市与农业农村部种植业管理司、山东省农业农村厅签署了在德州开展"吨半粮"生产能力三方共建合作协议，实施六级联动，开创性开展"吨半粮"生产能力建设，即综合运用多种措施，利用5年时间，确保"吨半粮"核心区地块夏、秋两季具备单产1500公斤的生产能力，为全国粮食高产探索路径、积累经验。经过1年的努力，120万亩核心区小麦、玉米两季产量平均亩产1490.1公斤，其中61.8万亩地块达到"吨半粮"产能、平均亩产1576.3公斤，"吨半粮"核心区创建首年告捷。

　　齐河县所属的山东省德州市在2021年提出在全市创建"吨半粮"。它得以提出"吨半粮"创建的工作基础，就是齐河县之前取得的高产创建成绩：30万亩耕地小麦、玉米两季合计单产达1500公斤，180万亩耕地达1200公斤，具备进一步攻单产、增总产的潜力。按照德州市的规划，从2021年秋种开始，齐河县开展了"吨半粮"生产能力建设工作，目标是力争在全国建成第一个大面积"吨半粮"示范区，以县域模板探索全国粮食绿色高质高产高效发展道路。可见，齐河县126万亩农地中的110万亩耕地是市级政府实现粮食生产目标的基础。

　　综上所述，齐河县作为粮食产业发展的示范点而存在。我国以政策指引和利益引导为核心作用的示范建设已成为基层颇具特色的治理方式，在各类社会治理场域得到广泛应用，示范点可以通过权威背书和荣誉头衔释放资源与利益信号,获得更多更优的关系网络和资源条件,提升示范点的政绩显示度和发展优势。[①]"条"与"块"在地方治理创新的激励下,不断尝试政府部门合作与资源再分配。[②]

二、粮食产业地方政绩激励的正向循环

齐河县粮食产业的优势形成了政府投入与绩效激励的正向循环。齐河县的粮食工作在 20 世纪 90 年代就抓得有声有色,2004 年被评为"全国粮食生产先进县",2008 年再次荣获"全国粮食生产先进县",2009 年、2010 年蝉联"全国粮食生产先进县标兵"称号。2011 年、2012 年,时任齐河县委书记魏洪祥受到温家宝总理亲切接见,并作为全国唯一县委书记代表参加了国务院粮食"九连增"新闻发布会。

2014 年,对 20 万亩核心区夏、秋两季经农业部实打测产亩均产量 1501.2 公斤,在全国率先实现 20 万亩大面积"吨半粮";2014 年 9 月,举办了中国·德州(齐河)现代农业与粮食安全高峰论坛。2015 年 6 月 5 日,时任齐河县委书记孟令兴在全国农村基层党建工作座谈会上,介绍了齐河县农业生产的相关情况。6 月 10 日,孟令兴被评为"全国百名优秀县委书记",受到习近平总书记的亲切接见。2016 年,时任国务院副总理汪洋在全国春季农业生产现场会讲话中,充分肯定了齐河县高标准粮田建设经验做法。中央电视台新闻联播、焦点访谈、新闻频道、农业频道以及《人民

---

① 曾凡军、邹希婕、粟钰清:《示范赋能抑或示范负能?——符号资本视角下基层示范建设的"双刃剑"效应》,《甘肃行政学院学报》2023 年第 5 期。
② 原超:《政绩竞争与条块合作:指数驱动地方政府治理的运作逻辑——基于 S 市公安局"平安指数"项目的分析》,《公共管理学报》2024 年第 2 期。

日报》《农民日报》等多家中央新闻媒体多次报道了齐河县粮食生产的经验做法。近年来,全国粮食增产模式攻关启动仪式现场会、全国秋粮生产现场会等先后在齐河县召开,共有 14 个省市的 216个县级考察团来齐河县参观调研高标准粮田和整建制高产创建工作。

粮食生产绩效激励促进了县级政府加大投入,即便在领导更替中也得以保持了政策的连续性。在这一过程中,齐河县还注重结合农业标准化工作,把齐河县粮食高产创建中的成功经验用标准的方式固定下来以便于推广。一是制定了《小麦、玉米质量安全生产标准综合体县市规范》,推广粮食绿色高质高效标准化生产技术。齐河县拥有全国面积最大的 80 万亩绿色食品(小麦、玉米)原料标准化生产基地,集成推广小麦"七配套"、玉米"七融合"绿色高产高效技术模式应用。二是制定了《小麦、玉米农业社会化服务标准综合体县市规范》,完善生产性服务标准。该标准通过了国家标准委、农业农村部、中国农科院等专家评审论证。由此,齐河县"粮食绩效"由自身的高产稳产,扩展到了树立可推广、可借鉴的全国性标准的更大范畴。

第二节　县级政府发展粮食产业的难点突破

在国家突出地方政府粮食安全责任、加大各类粮食生产扶持政策的背景下,粮食主产县的县级政府如何因地制宜找到提升粮食生产的有效路径成为突出问题。县政府在将粮食生产发展为优势产业的过程中,要解决的难点问题主要有两个:一是如何利用国家扶持政策补齐地方粮食工作短板,形成符合县域实际的扶持政策体系以促进粮食生产;二是如何面对粮食生产主体已经多元化的实际,充分利用市场机制促进各类主体的有效分工和合理竞争,在多元主体之间构建利益联结机制协同推进粮食生产。

一、央地关系视角下县域粮食产业发展之路

第一个难点背后实际上是粮食生产过程中,如何理顺中央政府和地方政府之间关系与责任。不同地区在国家治理的不同领域,地方政府的政策响应行为受到其扮演的"国家代理人""理性人""社会代理人"这三重角色的影响,三重角色会影响其政策执行的主观意愿,地方政府可支配资源会对政策执行形成客观约束,最终产生地方政府的整体政策目标序列,导致了地方对中央政策响应表现出差异化的行为。[①] 那么,齐河县政府何以高效落实中央农业发展政策?

山东作为粮食生产大省,始终坚定扛牢粮食安全政治责任,扎实落实"藏粮于地、藏粮于技"战略,在稳总产、提单产上持续发力,粮食总产连续9年稳定在千亿斤以上,为全国粮食安全作出了山东贡献。

在挖掘粮食单产潜力、开展粮食高产创建方面,山东省在2007年就开始探索建立省长指挥田制度,不断创新发展,粮食单产屡创高产纪录,为实现全省均衡增产走出了一条具有山东特色的路子。2008年秋种季节,粮食高产创建活动在齐河县开始实施,按照农业部粮食高产创建实施任务要求,在焦庙镇、赵官镇建

---

① 李乐乐、张雨晴:《古德彬·地方政府对中央政策响应差异化的影响因素及机制分析——基于医保支付方式改革的多案例比较》,《公共管理学报》2024年第2期。

立了 2 个万亩高产创建示范方。其中焦庙镇 1 万亩,涉及 12 个村 1368 个农户;赵官镇 1 万亩,涉及 19 个村 2062 个农户。

2010 年齐河县被列为国家整建制粮食高产创建示范县,启动 10 万亩粮食高产创建核心区高标准粮田建设工程。2010 年秋种季秋,齐河县被农业部列为全国 50 个整建制推进粮食高产创建示范县之一,在全县范围内组织开展了粮食高产创建活动,涉及焦庙、刘桥、祝阿 3 个乡镇 72 个村。其中,一期工程 5 万亩,涉及焦庙、刘桥、祝阿 3 个乡镇 35 个村。二期工程 5 万亩,涉及焦庙、刘桥的 37 个村。在核心区建设的基础上,全县规划了 50 万亩示范区,50 万亩辐射带动区。各乡镇均建立了万亩示范片。国家提出一系列中长期粮食专项规划,主要包括"全国粮食生产发展规划(2006—2020 年)""国家粮食安全中长期规划纲要(2008—2020 年)""全国新增 1000 亿斤粮食生产能力规划(2009—2020 年)"等。从 2012 年以来的中央经济工作会议精神发现,2012 年是我国粮食安全战略转变、推动供给侧结构性改革的起始之年。齐河县紧密跟随中央粮食生产规划和政策变化,不断自我加压,进入了粮食高产创建的国家先进行列。

研究表明,地方政府为了寻求规范化完成政策任务的动力和获取最大政策执行绩效之间的平衡,会对国家农业政策采取"适应性执行",其通过组织适应、资源适应及规则适应快速完成了政策目标并成功展示了政府政绩,政策"适应性执行"本质上追求的是政策落实的短期片面有效性,一旦任务完成,其政策效力就会边际递减,政策的后续落实便会出现滞后。[1] 但是,齐河县政府并未

---

[1] 李玉霞:《乡村振兴背景下基层政府农业政策的"适应性执行"——以鄂西 Y 县柑橘产业为例》,《农业经济问题》2024 年第 3 期。

出现上述问题,保质保量甚至更高标准地落实了中央政策。

2012年,齐河县除了完成原先的高产创建示范区夏季玉米统一免费供种、祝阿镇的万亩黄河大米基地建设、完善农业技术推广体系、补贴农业机械等任务,齐河县政府又新提出了"个、十、百、千、万"工程,即每个乡镇培植一个不低于200亩的种粮大户、建设一处十亩高产攻关田、一处百亩高产示范片、一处千亩乡镇长指挥田、一处万亩高产示范方,做到科学规划、专人负责、方案具体,确保全年粮食产量达到26.62亿斤,增速达到2.7%。同时,还提出要重点实施豆腐窝引黄灌区节水配套改造项目,并于3月5日前全面完成十万亩粮食高产创建示范区升级改造工作,确保全国春季农业生产现场会顺利召开。

在此基础上,齐河县政府在《2013年全县农业农村工作要点》中又进一步深化了发展战略,并进一步有针对性地提出了整建制粮食高产创建的新要求,即实施10万亩高产创建核心区"西延北跨"工程,建成20万亩高产创建核心区,带动60万亩示范区,辐射全县百万亩粮田整建制高产创建。同时,大力实施粮食增产模式科技攻关,强化农业科技培训与指导,严格落实粮食配套增产集成技术措施,充分发挥科技支撑作用。此外,为了实现粮食生产的全过程机械化,齐河县政府还提出增加10%对农机购置补贴资金的投入,加快经济作物、设施农业、林业、畜牧、水产、农产品初加工机械化进程,玉米耕种机械化率达到100%,收获机械化率达到80%以上。

2016年,齐河县高标准建成了80万亩粮食绿色高产高效创建示范区。示范区内,每50亩一眼机井、每200亩一网格、每5000亩一支专家队伍、每50000亩一套(气象、墒情、虫情)综合服务站,具备"田成方、林成网、路相通、渠相连、旱能浇、涝能排、地力足、灾能减"八大生产功能。而后又建成了固定式"水肥一体化"节水示范片 1 万亩,建设以中心支轴式大型喷灌设施为主的示范片 1 万亩,并推广节水、节肥、增产的绿色生产新模式。

综上所述,县级政府发展粮食产业的首要路径在于抓住国家政策的契机,将中央资源与地方资源整合,将地方政府主政官员的长期关注以"示范区"和"重点工作"的方式对农业生产基础设施进行持续、大量的财政投入。齐河县在早期发展阶段,通过抢抓国家建设全国粮食安全产业带和进一步健全粮食大县支持政策体系的机遇,有效提升了粮食产业链发展水平。在后期发展阶段,基于粮食高产的具体实践,齐河县政府进一步追求粮食稳定绿色增产,一方面抓紧抓牢农田设施建设和统一供种这两个关键因素之外,另一方面强化服务体系建设和绿色发展导向。

二、农业项目制下县级政府内部动员机制

县级政府在粮食生产中扮演"有为政府"的角色,就需要有效调动本级政府内各部门的人员与各类资源投入农业生产建设。研究指出,运作项目是地方治理的核心工作内容,经济工作项目化是地方治理的重要方式。在项目治县时代,项目是促进经济发展的引擎,作为地方工作的主要内容和关键抓手,项目制既是一种发展机制,也是一种借势手段,更是资金获取手段。[①] 农业项目制是指将农业生产过程划分为各个具体的项目,并通过计划、执行和监控来管理和控制这些项目的运行。

---

① 刘述良、吴少龙:《县域项目制治理:理念与机制》,《上海交通大学学报(哲学社会科学版)》2023 年第 9 期。

具体而言,每个农业项目都有明确的目标、任务、资源需求和时间安排。农业项目制强调了项目的整体性、系统性和可控性,以确保农业生产活动按照计划和预期的目标顺利进行。它是一种系统性的管理方法,旨在提高农业生产效益、减少成本、提高农民收入,并推动农业可持续发展。通过项目制的方式,可以更好地规划和组织农业生产活动,合理安排资源和时间,提高生产效率和产量。同时,项目制也可以帮助农民进行风险评估和管理,减少损失;项目制可以根据农业生产的需要,合理配置土地、水源、种子、肥料等资源,避免资源浪费和重复投入;通过科学规划和管理,可以最大限度地发挥农业资源的作用。农业项目制能够推动农业科技的研发和应用;在项目制下,农民可以根据实际需求和目标选择适合的农业技术和创新方法,提高农业生产的技术含量和科学性;通过项目制,农民可以更加有针对性地进行农业生产,选择高效益的作物和养殖方式,提高农产品的质量和附加值,从而增加农民的收入;良好的项目制可以提升农村经济的整体竞争力和发展潜力。通过规划和组织农业项目,可以吸引更多投资和人力资源进入农村,推动乡村产业结构的优化和经济的多元化。

项目制的主要特点包括目标导向性、综合性、阶段性以及时间性。目标导向性表现为每个农业项目都有明确的目标和预期结果,并通过具体的任务和行动来实现这些目标;综合性表现为农业项目制跨越了不同的农业生产环节,涵盖了种植、养殖、灌溉、施肥、防治病虫害等多个方面;阶段性表现为农业项目制将整个生产过程划分为不同的阶段,在每个阶段中设定具体的目标和任务。时间性表现为每个农业项目都有明确的时间安排和时间节点,以确保按时完成各项任务。

项目制方式的核心是设定明确的目标和预期结果。通过明确目标,项目团队可以更加专注地工作,明确自己要达成的成果。这有助于提高工作效率,减少浪费,使工作团队更有动力去实现预期的结果;项目制方式允许对资源进行合理的分配和优化利用。通过对项目所需资源的详细规划,可以避免资源过度投入或浪费。这不仅可以降低成本,还可以提高资源的使用效率,使每一项资源都能够得到最大化的利用;项目制方式将整个工作过程划分为若干个阶段,每个阶段都有明确的任务和产出。这使项目进展更加可控,可以逐步评估和调整项目的进展情况。

与此同时,分阶段的规划也有利于项目团队的组织和管理,有效地管理项目的风险和进度;项目制方式要求制订详细的时间计划表,明确项目的开始和结束时间,以及各个任务和阶段的时间节点。这使团队成员都能够清楚地知道自己的工作时间表,并且可以更好地做好时间安排,提高时间的利用率;项目制方式强调风险评估和管理。在项目进行之前,团队成员需要对可能出现的风险进行评估,并制定相应的风险管理措施。这有助于在项目实施过程中及时应对风险,减少不确定性带来的影响;同时,项目制方式要求定期对项目进行绩效评估,分析项目的成果和不足之处,并及时调整和改进。这有利于在项目进行过程中发现和解决问题,使后续阶段的工作更加顺利。

然而,虽然项目制方式具有很多优点,但也存在一些潜在的弊端。首先,项目制方式要求对项目进行详细规划、资源分配和风险管理。这可能增加了管理的复杂性,特别是当项目规模较大或涉及多个团队和部门时。需要合理安排人力、物力和财力资源,并确保各方之间的协调和沟通。在项目制方式下,项目的成功与否取决于团队成员的协作和能力。如果团队成员缺乏经验或技能,或者项目面临外部环境变化等不确定因素,那么项目的风险就会增加,需要及时应对风险并采取相应的措施来降低风险。

其次,项目制方式要求明确的时间计划和资源分配。在紧迫的时间要求下,项目团队可能需要以牺牲质量或高效率为代价来完成任务。此外,如果在项目进行过程中遇到了意外情况或需求变更,可能需要重新调整时间和资源的分配;项目制方式强调团队协作和合作。然而,每个人都有不同的工作风格、优先级和利益,可能会导致团队之间的冲突和合作难题。管理者需要有效地解决这些问题,并促进良好的团队协作氛围;项目制方式通常要求按照既定的计划和目标进行工作。这可能限制了团队成员的创新能力和灵活性,因为他们可能被束缚在预设的框架中。如果在项目实施过程中发现需要调整或修改计划,可能需要额外的时间和资源。

齐河县是如何破解上述难题的?德州市"吨半粮"生产能力建设工作领导小组组成名单中,除了市委、市政府领导和市直各部门,各县县委书记也赫然在列。县一级是推进粮食高产创建工作的当然主体,县一级主要领导的责任重大,县政府在其中是基本的任务承担者。具体而言,县级政府在国家粮食安全中的责任包括:第一,落实粮食安全责任制,确保本地区粮食生产稳定发展。第二,加强粮食生产能力建设,提高粮食生产水平。第三,加强粮食储备能力建设,确保本地区粮食储备充足。第四,加强粮食流通能力建设,确保本地区粮食流通顺畅。第五,加强粮食质量安全监管,确保本地区粮食质量安全。可见对于粮食主产区,抓好粮食生产是县级政府的基本任务。

综上所述,县级政府在国家粮食安全中扮演着重要的角色,承担着保障本地区粮食安全的重要责任。县委、县政府领导的高度重视是顺利开展粮食高产创建的重要组织保障。县级政府在粮食生产和供给保障中具有承上启下的作用:承上,需要吃透中央和省、市政策,结合本县实际情况作出决策;启下,就要带动县直相关部门和乡镇政府的积极性。根据实际情况,涉及农口部门的,分管副县长出面协调;涉及其他部门的,由分管副县长报告县长后再具体协调各个科局。同时,在一些自然灾害、极端恶劣天气等突发事件,"三夏""三秋"生产等紧急工作,现代农业示范区建设等重点项目的推动上,一般都要由县委、县政府牵头推进,县长和分管农业的副县长在粮食工作推动上起到非常重要的协调作用。

第三节　"有为政府"与"有效市场"的有效结合

县域经济发展粮食产业不能仅仅依靠央地两级的财政投入与行政力量,市场活力的激发至关重要。面对以小农户为主的农业生产经营主体格局,健全农业社会化服务体系是县政府的重要职责。建设农业社会化服务体系是一个庞大的社会系统工程,制约因素多,涉及面广,需要多部门参与、多形式并举、多层次推进。工作中,各类服务组织之间往往发生"碰撞",相互影响服务效果,必须由政府来协调和组织,才能逐步健全和不断完善农业社会化服务体系,真正发挥组织和引导农民进入市场的作用。

一、政府与市场关系视角下县级政府的功能定位

研究指出,我国处于发展阶段的社会化服务市场主体所能提供的服务项目,还有较大的局限性,远远不能满足生产力发展的需求。[①] 因此,政府调控在相当程度上是做好规划和统筹协调工作,不论对什么样的服务组织,都要引导其在壮大自身经济实力的同时,逐步由单项或多项服务向全程系列化服务乃至综合配套服务发展,加强合作与联合,充分发挥各个服务组织间的优势,互补短处、共同发展。齐河县刘桥镇西杨村党支部领办合作社就是政府和社会化服务紧密结合的一种形式,可以充分把党组织的政治优势与专业合作社的组织优势有机结合起来,更好地为小农户提供服务。

此外,县级政府承担着国家有关粮食生产的强农惠农富农政策落实工作,这是农民群众最关心、最直接、最现实的利益问题。这些政策涉及的资金量大、覆盖面广、敏感性强,如果一味地害怕被监管、被审计、被问责,这些好政策就落不到实处、好事就会办不出成效,最终直接影响到广大农民群众的切身利益。凡是涉及面广、资金数额大的强农惠农富农项目,都经分管县长、县长签字后实施。签字就是责任,就是对农业工作的支持。如果有必要,还要提交县长办公会研究,周密部署,确保资金安全和干部安全。

例如,齐河县良种补贴项目实施 10 年,对维护国家粮食安全、农业生态安全、农民增收发挥了极其重要的作用。2015 年粮食良种补贴项目取消,但是,农民对良种的统一供应还是有期盼。县一级如何回应这种期盼,就是摆在面前的难题。2016 年,齐河县政

---

① 马晓河、杨祥雪:《以加快形成新质生产力推动农业高质量发展》,《农业经济问题》2024 年第 4 期。

府充分领会良种对粮食生产的重要意义,决定以一般转移支付的形式补贴良种供应,齐河县实现了小麦统一供种。

齐河县免费统一供种大大降低了农民的生产成本,也确保了优质种子的普及,从而有助于提高粮食的单产和总产。而深耕深松作业补贴则有助于改善土壤结构,提高土地的持水性和通气性,从而提高土壤肥力,推动实现粮食生产的可持续性。另外,对小麦宽幅播种机的补贴更是显著提高了播种的效率和精度,这种现代化的农业机械化手段能够极大地减少人力和物力消耗,为农民节约大量的时间和劳动力,进一步推动农业生产的高效率和高产出。在高产创建活动开展不久后,齐河县在全省率先实现了小麦宽幅精播全覆盖,成为山东省小麦宽幅精播第一县。

此外,2013年,齐河县委、县政府出台《齐河县农业发展奖扶政策》,对百亩以上种粮大户每亩给予20—100元的补贴。2015年,《大方田引领,整建制推进,全力打造鲁北黄河大粮仓》文件提及,齐河农商银行推出"农机保"贷款产品,给予利率优惠。2016年,县委、县政府又出台了《齐河县现代农业发展奖励扶持政策》,对采用公司化经营、经济和社会效益较好、粮食种植面积在500亩以上,被认定为"放心农场"或带动脱贫5户以上的,县财政每年每亩补贴100元,最高补贴10万元;每年表彰种植专业合作社20个,分别给予3万元、5万元不等的奖励,表彰特色产业园区15个,分别给予5万元、10万元不等的奖励;对当年新增的市、省、国家级农业龙头企业,分别奖励3万元、5万元、10万元;对当年新建的日光温室、智能温室或其他新型设施农业,规模在100亩以上且具备肥水一体化、微滴灌、物联网等标准化技术装备的园区,对其温室每亩补助500元;每年表彰秸秆综合利用机械化技术示范单位 6 个,分别给予 10 万元、20 万元不等的奖励。家庭农场和种粮大户能够优先享受政府提供的惠农政策,包括农机具补贴、免费测土配肥、农业保险、农民培训、项目资金以及小麦"一喷三防"补贴等。该奖扶政策是按照优化布局、突出重点、政策引领、多元投入、奖扶结合、扶贫优先、先干后补、以奖代补的原则,由申报者在每年 11 月 15 日前向所在地乡镇(街道)提出书面申请,各乡镇(街道)负责于 11 月底前将汇总后的申报材料报考评责任单位。这些政策有力地支持了粮食生产,体现了对确保粮食安全责任的坚定承担。

齐河县政府着力打造全国现代优质粮食产业示范区、国家农业绿色发展示范区、现代都市农业示范区"三区",积极构建粮食产业链、蔬菜产业链、肉制品产业链、饮品产业链"四链",推进现代农业规模化、组织化、标准化、智能化、品牌化"五化"发展。[①] 同时,推动粮食种植提质增效、发展现代特色农业、加快构建新型农业生产经营体系,争创国家农业现代化示范区,以促进农业增效、农民增收。

2013 年以来,坚持高起点规划、高标准建设,累计投资 10 多亿元,大力开展农田路网、林网和水网建设,建成高标准农田 80 万亩,全县粮田林网覆盖率达到 100%,农田有效灌溉率达 95%以上,实现了田成方、林成网、渠相连、路相通、旱能浇、涝能排,成为全国一流的高标准农田典范,建成了农业农村部 30 万亩绿色高质高效创建核心区、80 万亩绿色高质高效创建示范区和 100 万亩绿色高质高效创建辐射区,搭建了粮食丰产丰收坚实平台。

---

① 齐河县政府文件:《关于加快优质绿色高效农业大县建设的实施意见》(内部资料)。

二、地方政府参与粮食产业发展的必要性与重要性

齐河县能够取得粮食高产创建成绩的背后,离不开齐河县政府的全局规划与整县推进。我们不禁要问,这种地方政府的高度参与对现代农业经营格局的形成是必需的吗? 为了回答这个问题,不仅需要深入齐河县粮食高产创建的实践经验,还应该借助相应理论指导与梳理。为了深入探索齐河县政府在推进粮食生产专项任务过程中的作用。需要重视政府治理理论与齐河县粮食生产的实践经验的相互结合。

当今世界,粮食安全和可持续的农业发展是国家战略规划的核心组成部分。我国"十四五"规划纲要对国家的粮食安全和农业可持续发展赋予了新的内涵和方向。粮食安全不仅关系到数亿人的基本生活需求,也是国家稳定和持续发展的基石。

对国家宏观的粮食安全议题和规划体系,已经有许多学者进行了详尽的分析。而本书则通过梳理和分析这些学者关于粮食安全形势背景、粮食安全与农业发展规划核心思想,以及农业生产方式绿色转型实施策略等方面内容,以更好地理解中国在当前全球框架下如何筹划和调整其粮食生产总体布局,以及这些策略如何有助于实现长远的粮食安全和农业发展目标。

崔奇峰等(2021)强调,在经济转型和高质量发展的大环境下,粮食安全是我国当前的重要议题。他们提出,应坚持粮食自给自足的指导思想,坚持"底线思维",高度重视国家粮食安全战略,尤其要推动财政对粮食投入的稳定增长,创新粮食支持政策与方式,稳定国际粮食供应链,以形成强大的生产能力和供给结构。[①]

---

① 崔奇峰、王秀丽、钟钰等:《"十四五"时期我国粮食安全形势与战略思考》,《新疆师范大学学报(哲学社会科学版)》2021年第1期。

但同时,我国的粮食安全也面临着一系列挑战。张亨明、章皓月、朱庆生(2022)指出,中国粮食安全面临的主要问题包括生产动力不足、供需结构失衡、资源环境压力过大、生产效益较低等。[①] 为了提高我国的粮食安全保障能力,他们建议在"十四五"时期要继续坚持贯彻落实新发展理念,不断完善已有的粮食安全保障体系,为未来国内的经济社会可持续发展提供保证。

关于农业发展规划与粮食安全的核心思想,王晓君、何亚萍、蒋和平(2020)分析了新冠疫情对全球粮食生产与贸易的影响,以及国内粮食产业出现的供需结构变化、大豆进口持续增加、粮食生产主体进入"老年化"、粮食绿色转型还不彻底等新问题,认为中国粮食安全战略应从国内保障、数量增长转向全球视角、食物营养与安全、全产业链和藏粮于技的方向。[②] 同样地,张宇翔(2020)也提出,我国农业生产布局仍存在资源环境严重超载、主产区生产积极性下降、产销衔接平衡难度持续加大、部分品种对外依赖程度过高等突出矛盾和问题,"十四五"时期应着力抢抓重要战略机遇期,解决空间布局资源错配和供需错位结构性矛盾,通过优化支持政策体系、区域比较优势推动农业高质量发展。[③]

在农业生产方式的转型和农业绿色发展方面,金书秦、牛坤玉、韩冬梅(2020)讨论了农业绿色发展的"去污、提质、增效"这三

---

① 张亨明、章皓月、朱庆生:《"十四五"时期我国粮食安全保障问题研究》,《浙江工商大学学报》2022 年第 3 期。

② 王晓君、何亚萍、蒋和平:《"十四五"时期的我国粮食安全:形势、问题与对策》,《改革》2020 年第 9 期。

③ 张宇翔:《"十四五"时期优化农业生产布局的思考与建议》,《宏观经济管理》2020 年第 8 期。

个阶段,认为应以绿色发展驱动农业高质量发展,不断深化农业支持保护制度,向绿色生态方向改革。[1] 于法稳和王广梁(2021)则强调,农业生产方式的绿色转型是破解新时代社会主要矛盾的重要抓手,实现农业生产方式的绿色转型需要从战略、规划、制度等多个层面入手,以实现农业生产环境系统健康。[2] 李刚(2018)的研究也显示,绿色农业的发展与传统农业经济的转型在五个主要农业省份呈现显著的正相关性,表明绿色农业的发展将有助于转变农业经济发展模式。[3]

政府作为社会事务管理的主角,广泛地介入社会各类公共事务的管理,在其中起着主导性作用。[4] 近年来,党和政府不断采取切实可行的措施,进一步深化行政体制改革,推进政府管理创新和服务型政府建设,这就对政府的管理理论与方法的研究提出了更高的要求,也对政府打造组织管理体系有了更高的标准。关于如何打造高效的组织管理体系,学术界已经有了较为充分的研究与讨论,本书通过针对政府组织管理体系的指导思想、内容、要求等方面作简要梳理,为下文梳理齐河县围绕粮食生产所打造政府组织管理体系提供一定的理论依据。

在指导思想上,国内学者陈振明和薛澜(2007)指出,公共管

---

[1] 金书秦、牛坤玉、韩冬梅:《农业绿色发展路径及其"十四五"取向》,《改革》2020年第2期。

[2] 于法稳、王广梁:《推进农业生产方式绿色转型的思考》,《中国国情国力》2021年第4期。

[3] 李刚:《传统农业经济转型路径与绿色农业发展协同机制研究》,《农业科学研究》2018年第2期。

[4] 陈庆云、鄞益奋、曾军荣等:《公共管理理念的跨越:从政府本位到社会本位》,《中国行政管理》2005年第4期。

理的基本理论与方法是宏观管理与政策研究的基础。① 因此,必须根据实践发展和现实需要,选择具有战略性和针对性的理论与实践进行研究,从而有助于政府处理与解决复杂的公共管理和公共政策问题。

在组织管理体系内容方面,周志忍(2006)强调,政府绩效管理和评估作为一种需求导致的活动,是任何组织都无法回避的,差别只在于评估的科学性和合理性程度。② 马庆钰(2005)认为,我国行政改革的进一步深化和政府管理发展中一个重要转折,就是如何为群众提供合适的公共服务。③ 林雪霏(2015)提出,地方政府并非被动地移植政策原型,而是将其作为知识起点进行选择性地吸收与改造。④

在组织管理体系的权力结构方面。张志原(2024)指出,从政府管理的权力结构关系来看,条块关系是我国行政组织体系中基本的结构性关系,它在各个不同的层面和各个不同的领域影响和制约着整个政府的管理工作。⑤ 无论是在传统的计划经济时期,还是在社会主义市场经济时期,原有的条块格局被不断地冲破,在动力和阻力、经济生活的组织者和被改革者的双重角色中,条条和块块以及它们之间的关系正经历着历史性的调整和演变。因此,从各个不同的角度系统地研究条块关系,这对改革和完善我国的

---

① 陈振明、薛澜:《中国公共管理理论研究的重点领域和主题》,《中国社会科学》2007年第3期。

② 周志忍:《政府绩效管理研究:问题、责任与方向》,《中国行政管理》2006年第12期。

③ 马庆钰:《关于"公共服务"的解读》,《中国行政管理》2005年第2期。

④ 林雪霏:《政府间组织学习与政策再生产:政策扩散的微观机制——以"城市网格化管理"政策为例》,《公共管理学报》2015年第1期。

⑤ 张志原:《党建统合下的条块分割治理路径——基于Z省和S省驻京机构的对比分析》,《北京社会科学》2024年第2期。

行政管理,对建立社会主义市场经济体制,必将产生积极的影响。

　　在组织管理体系参与主体管理方面,刘鹏(2011)指出,中国政府在社会组织管理体制方面正逐步从分类管理转向嵌入型监管,地方政府在对社会组织的吸纳能力、对社会组织管理重点的分化、对社会组织管理制度化水平、对社会组织管理手段多元化四个方面的监管水平有了明显提升。① 嵌入型监管的模式能够更好地描述和解释当代中国政府对社会组织管理的现状。陈庆云等(2005)认为,公共管理的实践会随着社会发展呈现不同的形态。就管理主体而言,政府、非政府公共组织和民众三类主体,在社会公共事务管理中的角色和作用以及主体间关系,会有所不同。② 主体之间既可能是以政府为本位的单中心下的支配依附关系,也可能是以社会为本位的多中心下的平等共治关系。就管理客体而言,在不同的社会发展阶段,政治性、经济性和社会性公共事务,在公共管理中出现的次序和重要性也会不同;在社会的不同层次,各类公共事务的数量和权重都存在差异。公共管理的实践是具有动态性和多样性的特征,应分化为政府管理和社会治理两个阶段。

　　综上所述,随着农业生产进入机械化和现代化的组织阶段,粮食产业与其他地方产业一样,面临着市场失灵的种种风险,农业基础设施和社会化服务的监管、普惠性服务的提供均属于市场无法供给的公共品。实现粮食的高产稳产,需要将"有为政府"与"有效市场"有机结合。齐河县的粮食产业发展证明,地方政府能够

---

　　① 刘鹏:《从分类控制走向嵌入型监管:地方政府社会组织管理政策创新》,《中国人民大学学报》2011 年第 5 期。
　　② 陈庆云、鄞益奋、曾军荣等:《公共管理理念的跨越:从政府本位到社会本位》,《中国行政管理》2005 年第 4 期。

通过财政扶持、组织技术提高、经营体系完善、社会化服务体系建强,充分发挥粮食生产组织上的县级政府作用,闯出一条粮食生产不亏钱、粮食生产和二、三产业协调发展的新路。齐河县委、县政府是齐河县粮食生产既有产量又有收益、既有规模又有内生动力,取得突出成绩的坚强支撑。通过这一系列的努力和实践,齐河县成功地将自身打造成了一个粮食生产的高效、绿色、可持续发展的典范,不仅为山东省乃至全国的粮食生产和农业发展提供了案例参考,也为如何在全球性的资源和环境压力下保障粮食安全和推动农业可持续发展提供了宝贵的经验。

第二章 多层级规划统筹下的粮食生产总体布局

新时代,随着我国经济社会发展的持续推进,国家规划体系逐步得到了完善与强化。自高层设计到地方实践,各级各类规划相继建立并严密相连,确保了整体策略与地方实践的高度一致。这样的规划体系不仅为国家的宏观管理提供了科学指导,也为地方经济社会发展提供了清晰的发展路径,指导粮食主产县的粮食生产。

本章将从国家的综合性规划、农业相关专项规划的逐步演进出发,探讨齐河县如何利用国家规划体系转型的机遇,如何根据齐河县粮食生产基础和区别不同镇域特点,制定各种能够有机配合的政策,并从空间上梯次推进粮食高产创建和农业绿色生产创建,并深入解读齐河县是如何在空间维度上落实其粮食规划,构建一个现代化的农业产业体系。

第一节 国家规划的指引作用

国家层面的发展规划起着"指挥棒"的战略导向作用,集中体现了国家战略意图和中长期发展目标,引导公共资源的配置方向,也为地方政府开展粮食产能建设提供了方向和支持,使地方政府能够在更宏观的战略框架下发展粮食生产,实现粮食稳定绿色增产。

一、国家综合性规划中粮食生产发展方向

"十四五"时期,国家从宏观规划、农业规划到粮食行业规划,形成科学的粮食生产和粮食安全规划理念,提出切实有效的战略措施。

(一)"十四五"规划中粮食安全战略理念

随着我国经济的稳步发展和人口的平衡增长,粮食生产和安全保障逐渐成为国家发展的重要基石,"十四五"规划纲要重点提出中国在粮食生产和安全保障方面的战略目标和行动计划。在稳定粮食播种面积、提高粮食产量和品质、优化粮食产业结构、推动农业农村现代化的总体规划框架的指导下,我国旨在构建一个更加可持续、高效和安全的粮食生产体系。本部分从粮食安全保障体系、粮食生产结构和粮食生产现代化这三个方面来深入探讨。

从保障粮食安全的角度,"十四五"规划纲要明确了稳定并增加粮食播种面积和产量、深入推进优质粮食工程、切实维护国家粮食安全等核心目标,展现了对粮食安全的高度重视和战略部署。同时,纲要还强调要实施国家粮食安全战略,要建立和完善粮食安全保障体系,优化粮食的产、购、储、加、销体系,以及基本形成应急储备、加工和配送体系,达到保障粮食市场供应和价格稳定的目标。另外,在全球化的背景下,纲要还特别强调了加强国际合作和

交流,积极参与全球粮食治理,推动形成更加公平合理的农业国际贸易秩序,提升我国在国际粮食市场中的话语权和影响力。

《中华人民共和国国民经济和社会发展第十四个五年规划》和 2035 年远景目标纲要提出,要以粮食生产功能区和重要农产品生产保护区为重点,建设国家粮食安全产业带,实施高标准农田建设工程,建成 10.75 亿亩集中连片高标准农田。可见,"十四五"规划将粮食安全具体落实到了全国农业生产的区域布局上,并把国家粮食安全责任重点落实到了粮食生产功能区和重点农产品生产保护区,指明了重点地区的责任。

"国家粮食安全产业带"这一概念在 2020 年的中央经济工作会议中首次提出,并强调"三链协同"发展,即"建设现代化粮食产业体系,通过培育产业链促进粮食产品精深加工和多元化利用,通过培育价值链促进粮食产品增值,通过培育供应链实现产供销更紧密衔接"[1]。

(二)"十四五"规划对粮食生产的总体部署

在上述关于粮食安全保障的总体规划指导思想的基础之上,"十四五"规划对我国当前的粮食生产和发展进行了进一步的具体科学部署。在"十四五"规划中的第七篇"坚持农业农村优先发展 全面推进乡村振兴"里,政府明确提出了"十四五"时期实施乡村振兴战略的指导思想、目标任务和重点措施,并从提高农业质量效益和竞争力、实施乡村建设行动、健全城乡融合发展体制机制、实现巩固拓展脱贫攻坚成果同乡村振兴有效衔接四个方面着手发

---

[1] 刘长全:《"三链协同"建好粮食安全产业带》,《经济日报》2022 年 9 月 27 日,https://news.cctv.com/2022/09/27/ARTIubbn4LNkLqwbpIn0WPJk220927.shtml。

力推动农业农村现代化进程。其中,为了提高农业质量效益和竞争力,确保粮食生产的稳定和可持续性,政府重点从增强粮食综合生产能力、粮食生产结构宏观调整、粮食生产现代化发展、深化优质粮食工程、丰富乡村经济业态五个角度切入,以此来提升粮食的整体生产能力。

1. 增强粮食综合生产能力

为了夯实粮食生产能力基础,在确保粮食供给的同时保障棉、油、糖、肉、奶、蔬果等重要农产品的供给安全,政府提出要实施严格的耕地保护制度,严守 18 亿亩耕地红线。自然资源部、国家统计局联合召开的第三次全国国土调查数据显示,2019 年年末,全国耕地面积共计 19.18 亿亩①,虽然没有突破红线,但在 10 年里耕地已减少了 1.13 亿亩,其减幅仍然较大,因此仍需保护生命红线,遏制耕地"非农化",防止"非粮化",规范耕地占补平衡,严禁占优补劣、占水田补旱地。

关于 10.75 亿亩集中连片的高标准农田建设工程指标,则可以追溯至国务院 2014 年印发的《关于切实加强耕地保护建设的意见》,该意见提出了到 2020 年建成 8 亿亩高标准农田的目标。②而在 2019 年,国务院办公厅又印发了《关于切实加强高标准农田建设 提升国家粮食安全保障能力的意见》,提出到 2022 年建成 10 亿亩高标准农田的目标,并在此基础上进一步追加至 2030 年建成

---

① 国务院第三次全国国土调查领导小组办公室、自然资源部、国家统计局:《第三次全国国土调查主要数据成果发布》,见 https://www.gov.cn/xinwen/2021-08/26/content_5633490.htm。

② 农业农村部:《农业农村部有关负责人解读〈高标准农田建设通则〉》2022 年 4 月 16 日,https://www.gov.cn/zhengce/2022-04/16/content_5685528.htm。

12 亿亩高标准农田的目标。[①] 2021 年,国务院正式批复并开始实施《全国高标准农田建设规划(2021—2030 年)》,明确了到 2025 年累计建成 10.75 亿亩并改造提升 1.05 亿亩、2030 年累计建成 12 亿亩并改造提升 2.8 亿亩高标准农田的任务[②]。这些追加的数量指标要求,不仅体现了国家对高标准农田建设的高度重视和投入决心,也反映了我国粮食安全保障能力的不断提升和耕地质量的持续提高。

2. 粮食生产结构宏观调整

从调整优化农业结构的角度看,《国务院关于印发"十四五"推进农业农村现代化规划的通知》提出了优化粮食品种结构、发展特色农产品、扩大大豆和油料生产等措施,以满足消费者多样化的需求。其中还特别提到,围绕着"十四五"种植业发展的新任务和新目标,要立足农作物特点和区域资源禀赋,在"十三五"种植业结构调整基础上,聚焦七大主要产业和六大区域,进一步优化产业结构和区域布局,促进种植业高质量发展。

另外在国家粮食安全产业带建设总体方案中,着重强调了要聚焦谷物和大豆等主要粮食品种,顺应国内粮食消费升级和粮食转化加工向主产区集中的趋势,着力打造生产基础稳固、产业链条完善、集聚集群融合、绿色优质高效的国家粮食安全产业带。并以东北、黄淮海、长江中下游等产粮大县集中且农业生产基础条件良好的主产区域为重点,立足水稻、小麦、玉米、大豆等生产供给,布

---

① 农业农村部:《农业农村部关于推进高标准农田改造提升的指导意见》2022 年 11 月 9 日,http://www.ntjss.moa.gov.cn/zcfb/202211/t20221109_6415103.htm。
② 自然资源部:《国土资源部关于严格核定土地整治和高标准农田建设项目新增耕地的通知》2021 年 10 月 20 日,https://www.cgs.gov.cn/xwl/zcwj/zhgll/202110/t20211020_682521.html。

局粮食生产加工产能,以提升粮食产业链供应链现代化水平。

3. 粮食生产现代化发展

《"十四五"粮食和物资储备科技和人才发展规划》还在粮食的储藏领域和质量安全领域分别提出了一系列的重点创新任务,具体内容如表2-1所示。

表2-1　粮食储藏和质量安全领域的重点创新任务一览表

领域	任务名称	具体做法
粮食储藏	绿色仓储低温保鲜技术应用示范	针对不同储粮生态区域和储存形态,特别是针对稻谷、小麦等主要口粮品种,开发应用了新的低温(准低温)粮仓技术。利用新材料、新技术和新装备,支持绿色仓储示范工程,并研发适配新型绿色保热源的智能化低排放粮食干燥装备及其他新技术
	"智慧粮库"建设和应用技术集成创新	通过自主创新传感器设备和应用物联网、5G等新一代信息技术,实时收集和分析仓房和粮堆的多元信息,加强粮食仓储信息分析,并探索仓储智能控制系统技术
质量安全	粮食全产业链质量安全监测预警示范	通过区块链技术和基于大数据云平台的技术,实现质量安全溯源保障,并在重点粮食企业示范智能化监测系统
	粮油质量安全在线检测技术示范	通过传感器、在线检测和物料组分分析等关键技术的研究,推进粮食加工专用传感器、检测技术及机器人的研发与应用,实现原粮储藏环境和加工过程的在线高效检测

4. 深化优质粮食工程

以推动农业绿色转型为目标,优质粮食工程旨在实现农业现代化,提高农业生产效率和环境可持续性,以确保粮食生产的质量和安全,从而为国家的粮食安全保障奠定坚实的基础。这种方式不仅着眼于提升农业产业的竞争力和可持续发展,同时也重视保障国民的食品安全和提高消费者对农产品质量的信心,展现了一个全面、协调和可持续的农业发展路径。具体措施主要包括以下三个方面:

一是强调推进农业的绿色转型,包括深入实施化肥、农药减量行动,治理农膜污染,提升农膜回收利用率,推进秸秆综合利用和畜禽粪污资源化利用等举措。这不仅能够提高土壤质量和农田生态环境,进而为粮食生产提供更好的生态条件,同时也降低了农业生产隐性成本还在一定程度上降低了粮食生产的总成本。《中国农业绿色发展报告(2022)》显示,2021 年全国的农业绿色发展指数[①]为 77.53,较上一年提高了 0.62,较 2015 年提高了 2.34,这表明了我国的农业绿色转型正在持续不断地深化。

二是加强全过程农产品质量安全监管,以确保粮食的质量和安全,增强消费者对国产粮食的信心。主要包括健全农产品质量的追溯体系,加强绿色食品、有机农产品和地理标志农产品的认证管理等措施,以打造品牌农产品,提升粮食的市场竞争力,从而提高粮食生产的盈利水平和农民的收入。

三是推进粮经饲统筹、农林牧渔协调,大力发展现代畜牧业,促进水产生态健康养殖。根据不同地区的自然条件和资源禀赋,因地制宜发展农业,在保障粮食生产的同时发展现代畜牧业和水产业,可以保障基本粮食生产的稳定,还能通过多业态的协调发展,实现农业资源的合理利用和循环,为粮食生产和农业可持续发展提供有力支持。

5.丰富乡村经济业态

发展多种农业经营模式,丰富乡村的经济业态,对粮食生产具

---

① 农业绿色发展指数:是一个综合反映我国农业绿色发展水平的指标,由中国农业科学院农业资源与农业区划研究所和中国农业绿色发展研究会联合编制。该指数从资源节约与保育、生产环境安全、生态系统健康、绿色产品供给、生活富裕美好 5 个方面,选取了 25 个一级指标和 67 个二级指标,采用层次分析法和综合评价法进行计算。反映了我国农业在节约资源、保护环境、提供绿色产品、增加农民收入等方面的进展和成效,为评价农业绿色发展提供了科学依据。

有重要推动作用。一方面可以为粮食生产提供多元化的经营模式和投资渠道,促进农村一二三产业深度融合,增加农产品附加值,为农村发展提供更多的经济增长点,从而提高农民收入和生产积极性。另一方面可以通过整合农村资源,发掘地方特色产业,提高粮食产业的综合效益和市场竞争力,进一步保障国家粮食安全。具体来看,主要包括延长农业生产产业链和发展地方特色现代产业两个方面。

在多元产业融合方面,主要是优化和延长农业产业链条,将种植、养殖、加工等各环节紧密结合,使整个农业链条更高效地运行,进而提高农产品的加工业和农业生产性服务业发展水平。据国家统计局数据,2023 年,全国规模以上农产品加工完成营业收入比上年增长 1.5%。[①] 2022 年全国农业相关产业增加值为 195692 亿元,占国内生产总值的比重为 16.24%,比上年提高 0.19 个百分点[②]。这种产业结构的变化既有利于提高农业的整体效率和效益,促进农村经济的多元化发展,也对保障国家的粮食安全和推动农业与相关产业的融合发展具有积极意义。

在农村资源整合方面,主要是鼓励大力发展具有地方特色的现代乡村产业,如休闲农业、乡村旅游和民宿经济等,不仅可以为乡村经济注入新活力,吸引外来投资,提供更多的就业和增收机会,也为粮食生产和粮食安全提供了一个更为有利的发展环境和更为广阔的市场空间。

农业部 2018 年的数据显示,全国休闲农业和乡村旅游营业收

---

① 农业农村部乡村发展司:《2023 年农产品加工经济运行报告》2024 年 5 月 27 日,https://lwzb.stats.gov.cn/pub/wzb/fbjd/202405/w020240527578178104860.pdf。

② 国家统计局:《2022 年全国及相关产业增加值占 GDP 比重为 16.24%》2023 年 12 月 29 日,http://www.stats.gov.cn/sj/zxfb/202312/t20231229_1946063.html。

入超过 8000 亿元,吸引 30 亿人次到乡村休闲度假,年均复合增长率高达 31.2%,吸收 2800 万农民就业①。这些现代乡村产业的快速发展,一方面为 2800 万农民提供了就业,在一定程度上释放了部分农民从传统粮食生产中解放出来,使他们有更多时间和资源投入其他领域。另一方面也吸引了大量的游客和投资者关注乡村和农业,而这些游客和外来投资的增加可能会带来更多的资本和技术投入,为粮食生产提供更好的条件和更多的市场机遇。这对保障粮食质量和市场供应,提高粮食生产效率和农民的收入水平都具有重要意义。

二、农业发展专项规划的针对性布局

专项规划是针对特定领域的细化规划,不仅指导着该领域的发展,还为重大项目的审批核准、政府投资和财政支出预算安排、相关政策的制定提供了依据。专项规划强调了规划的针对性和可操作性。

在推进我国农业现代化和乡村振兴的宏观背景下,《全国国土规划纲要(2016—2030 年)》《"十四五"全国农业绿色发展规划》分别从国土整体布局和农业绿色发展这两个不同的维度,展现了其对农业发展和粮食安全的推动作用。全国国土规划纲要提供了一个长期视角,通过对国土资源的合理利用和规划,为粮食生产提供了必要的空间和条件,并为后续的高标准农田建设的时间和空间拓展奠定了重要基础。而农业绿色发展,不仅可以提高粮食产量和质量,还能确保土地和其他农业资源的可持续利用,为长

---

① 《2018 年休闲农业和乡村旅游营业收入超 8000 亿》,https://www.gov.cn/xinwen/2019−03/29/content_5377996。

期的粮食安全提供保障。

(一)全国国土规划纲要中的耕地保护历程

面对日益严重的资源约束、生态环境压力的增大、国土空间开发格局的迫切需求以及国土开发质量的提升需求,国家基于国土现状制定了《全国国土规划纲要(2016—2030年)》以应对这些挑战,确保国土资源可持续利用和生态文明建设顺利推进。该规划遵循了确保国土开发与资源环境的承载能力相匹配、集聚开发与均衡发展相协调、点上开发与面上保护相促进、陆域开发与海域利用相统筹、节约优先与高效利用相统一以及市场调节与政府调控相结合等一系列基本原则,旨在对相关的国土空间进行专项规划,以实现国土资源的优化配置和高效利用。

在上述宏观背景下,农业生产与粮食安全也是国土资源优化配置中的核心议题之一。为加强顶层设计和统筹谋划,该规划科学确定了国土开发、保护与整治的基本思想与具体操作路径,为保障我国粮食安全、推动农业现代化和实现国土空间的绿色发展提供了重要的政策指导和规划框架。

其中,与农业生产和粮食安全密切相关的重要内容主要包括以下几个方面:首先,构建"五类三级"国土全域保护格局对粮食安全的保障具有核心作用。在国土分级保护中的"耕地资源"主题中,"优质耕地保护区"类别尤其明确了松嫩平原、辽河平原等重点耕地资源区,并基于此提出了大力发展节水农业,控制非农建设占用耕地,加强耕地和基本农田质量建设等保护措施,以确保重要粮食生产区能够得到良好的保护和利用。这些措施不仅能够有效地提高水资源的利用效率,减少耕地被占用情况,确保足够耕地资源用于粮食生产,还能保护土壤健康,为粮食生产提供良好的土壤条件,从而提高单位面积的粮食产量,为粮食安全提供基础保障。

其次,综合整治和高标准农田建设是提升粮食生产效率和质量的有效途径。通过实施田水路林村综合整治,能够在不减少耕地面积和提高土地质量的前提下,减少建设用地总量,提高农村生产生活条件和生态环境。而推进高标准农田建设则可以通过大规模土地整治和耕地质量提升增强农田的生产能力,并以统一的建设标准和监管考核机制来确保项目质量,统筹各类农田建设资金,做好项目衔接配套,在一定程度上减少农业生产成本。此外,高标准农田建设还强调在具有较好土地资源的区域,如东北平原、华北平原和长江中下游平原等,开展土地整治工程,全面提高农田基础设施条件,提高耕地质量。

最后,实施土壤污染防治行动是保障农业生产环境安全和粮食安全的必要措施。通过土壤污染调查、分类管理、强化污染源监管、污染治理与修复、建设土壤污染综合防治先行区等措施,国家可以及时地掌握土壤环境质量状况,保护和提高农田生态系统,保障农业生产环境安全。该规划还提出,到2030年要基本建成集约、绿色、低碳、循环的资源利用体系,提高资源节约集约利用水平,降低单位生产总值能耗和用水量,全面提升生产、生活和生态功能。从具体指标来看,耕地保有量需要保持在18.25亿亩以上,新增治理水土流失面积需达94万平方千米以上(见表2-2)。

表 2-2　国土规划主要指标一览表

指标名称	2015 年	2020 年	2030 年	属性
1. 耕地保有量(亿亩)	18.65	18.65	18.25	约束性
2. 用水总量(亿立方米)	6180	6700	7000	约束性
3. 森林覆盖率(%)	21.66	>23	>24	预期性
4. 草原综合被盖度(%)	54	56	60	预期性
5. 湿地面积(亿亩)	8	8	8.3	预期性
6. 国土开发强度(%)	4.02	4.24	4.62	约束性
7. 城镇空间(万平方千米)	8.90	10.21	11.67	预期性
8. 公路与铁路网密度(千米/平方千米)	0.49	≥0.5	≥0.6	预期性
9. 全国七大重点流域水质优良比例(%)	67.5	>70	>75	约束性
10. 重要江河湖泊水功能区水质达标率(%)	70.8	>80	>95	约束性
11. 新增治理水土流失面积(万平方千米)	—	32	94	预期性

(二)"十四五"全国农业绿色发展规划中的生态保护理念

为贯彻落实党中央、国务院推进农业绿色发展的决策部署,国家相关部门基于"十四五"规划,联合制定了《"十四五"全国农业绿色发展规划》,以加快农业全面绿色转型。

作为我国首部农业绿色发展的专项规划,该规划对"十四五"时期我国农业绿色发展作出了系统安排。它明确了我国目前深入推进农业绿色发展的思路目标、重点任务和重大措施,从六个主要方面出发,以习近平生态文明思想为指引,以深化农业供给侧结构性改革为主线,以构建绿色低碳循环发展的农业产业体系为重点,全面提升农业发展质量,具有里程碑式的意义。

其中,为了加快构建节约资源、保护环境的空间格局、产业结构、生产方式,推动农业发展与资源环境承载力相匹配、与生产生活生态相协调,该规划明确了绿色发展的具体目标导向,明晰了

"4个方面"和"11项定量指标"(见表2-3),并着重关注了农业资源的保护和绿色低碳农业产业链的打造这两个方面。

以其主要指标为例,在保资源方面,截至2025年,全国耕地的质量等级需达到4.58,农田灌溉水有效利用系数需达到0.57;在优环境方面,主要农作物化肥、农药利用率需降至43%,而秸秆、畜禽粪污、废旧农膜利用率则需分别达到86%、80%和85%;在促生态方面,新增退化农田治理面积需达1400万亩,新增东北黑土地保护利用面积需达1亿亩;在增加供给方面,绿色、有机、地理标志农产品认证数量需达到6万个,农产品质量安全例行监测总体合格率需达到98%,如表2-3所示。

表2-3　"十四五"农业绿色发展主要指标一览表

类别	主要指标	2020年	2025年	指标属性
农业资源	全国耕地质量等级(等级)	4.76	4.58	预期性
	农田灌溉水有效利用系数	0.56	0.57	预期性
产地环境	主要农作物化肥利用率(%)	40.2	43	预期性
	主要农作物农药利用率(%)	40.6	43	预期性
	秸秆综合利用率(%)	86	>86	预期性
	畜禽粪污综合利用率(%)	75.9	80	预期性
	废旧农膜回收率(%)	80	85	预期性
农业生态	新增退化农田治理面积(万亩)	—	1400	预期性
	新增东北黑土地保护利用面积(亿亩)	—	1	约束性
绿色供给	绿色、有机、地理标志农产品认证数量(万个)	5	6	预期性
	农产品质量安全例行监测总体合格率(%)	97.8	98	预期性

对于农业资源节约方面,为降低农业资源利用强度,促进农业资源永续利用,该规划强调了六大资源保护利用工程的实施,以及加强耕地保护与质量建设对农业可持续发展能力提升的重要性。

针对确保18亿亩耕地红线的完整性并持续提高质量这个核心目标,该规划还提出了一系列关键措施,包括严格实施耕地保护制度以确保永久基本农田的面积不受损害,禁止用于非农建设耕地的不当开垦行为,同时通过土壤改良、灌溉排水、土地平整、使用有机肥料以提高土壤有机质和肥力等。

对于绿色低碳农业方面,如何贯彻好绿色优质农产品供给提升工程,打造出一条绿色低碳农业产业链也十分重要。其中主要包括农业生产"三品一标"提升行动、农业绿色生产标准制度修订、绿色有机地理标志农产品认证、地理标志农产品保护、国家农产品质量安全县创建五大项目。同时也明确指出,要推动农业绿色、低碳、循环发展,就要在全产业链不断拓展绿色农业的发展空间,推动形成节约适度、绿色低碳的生产生活方式,坚定不移走绿色低碳循环发展之路,具体措施如下:

首先,在推进农产品的绿色加工上,必须牢牢把握加工减损、梯次利用及循环发展方向,不仅要注重农产品的初级与深加工,还需改善田头预冷、仓储保鲜、原料处理等环节,利用先进的分组分割和烘干分级设备进一步减少产后损失。同时,副产物的综合利用也是资源循环利用的重要环节,而这就需要建设中心化的农产品加工副产物收集与处理设施,为新能源和新产品的开发提供源头。

其次,在流通体系的建设上,绿色低碳运输是关键。这就需要注重全链条、快速化的发展导向,确保水陆空联运网络的高效与便捷,并加大冷链物流基础设施的建设,以确保农产品能快速、新鲜地到达消费者手中。为了实现产品全链条可追溯,还需对农产品批发市场进行现代化改造,并加强市场的数字化信息建设,例如推广绿色电商模式,实现农产品冷链共同配送和生鲜电商与冷链家庭配送的融合,以此来降低流通成本和资源损耗。

最后,促进绿色农产品的消费也是产业链打造中十分重要的一个环节。要想赢得消费者对绿色农产品的信任,就必须要健全绿色农产品的标准体系,并提高绿色、有机和地理标志农产品的市场认可度。除此之外,还可以在批发市场、超市、电商等渠道设立绿色农产品专卖区,以提高消费者对绿色产品的认知度。减少农产品过度包装、制止餐饮浪费等也能引导公众践行绿色低碳的生活方式,推动更多人走向健康环保的道路。

实际上,推进农业绿色发展是一项十分艰巨的系统工程,需要各方目标同向、加强协调、密切配合、聚焦农业绿色发展重点任务,才能发挥集合效应,力量同汇,共同推进规划的落实。

三、国家粮食专项规划的不断加强

21世纪以来,我国提出了一系列中长期粮食专项规划,主要包括《全国粮食生产发展规划(2006—2020年)》《国家粮食安全中长期规划纲要(2008—2020年)》《全国新增1000亿斤粮食生产能力规划(2009—2020年)》等。这些规划也直接指导着地方政府,尤其是粮食主产区地方政府和粮食主产县制定粮食生产规划。

(一)全国粮食生产发展规划的发展历程

随着我国近年来粮食生产的快速恢复,粮食供需矛盾有所缓解,但产不足需的态势依然存在,尤其是小麦和水稻供应偏紧,大豆也存在较大供应缺口。于是,在我国粮食生产长期受资源短缺约束、基础设施薄弱、物质装备水平偏低、科技贡献率不高等因素制约的现实情况下,为了更加有效地促进粮食生产的恢复和发展,农业农村部制定了《全国粮食生产发展规划(2006—2020年)》。

总体来看,该规划主要关注的是如何提高我国的粮食生产能力。主要思路是从科学谋划粮食生产布局、稳步提高粮食单产、稳定粮食播种面积、优化生产结构、处理好增粮与增收关系、建立确保国家粮食安全的长效机制这六个方面入手,同时结合粮食综合生产能力提高战略、科技突破资源约束战略、分区分级战略、发展粮食替代产业战略、市场调节战略五大战略。根据国际上粮食安全的通行标准,以及国内现有资源条件和粮食生产潜力,该规划还确定了我国粮食自给率应保持在95%以上、2010年确保国内粮食总产量达到10000亿斤、2020年完成在2010年的基础上再增产700亿—800亿斤等目标。

具体来看,实行分区目标管理并建立分级责任制度,是落实以上粮食发展战略目标的重要保障。因此,该规划按照不同区域的自然与社会经济条件,根据我国粮食生产资源禀赋特点、生产基础条件、粮食增产潜力等因素,科学合理布局粮食生产能力,同时按照粮食比较优势、现有资源条件和生产水平、商品粮供给能力,以及在我国粮食安全战略中的功能与作用,以县域为基本单元,将全国粮食生产区域划分为优势主产区、潜力提升区、稳固发展区、战略储备区四个功能区(见表2-4),并确定相应的功能定位、主攻方向和建设目标。齐河县正好处于优势主产区。

表 2-4　全国粮食生产区域划分

类别	优势主产区	潜力提升区	稳固发展区	战略储备区
划分标准	粮食可交易量2亿斤以上,占总产量比重不少于50%;粮食播种面积不少于20万亩,粮食亩产不低于700斤	粮食可交易量占粮食总产量的比重不少于40%;粮食播种面积不少于5万亩,粮食亩产不低于500斤	具备商品粮生产能力,粮食可交易量占总产量的比重少于40%;粮食播种面积少于15万亩,粮食亩产低于500斤	—
区域范围	优势农产品区域布局规划确定的4大粮食作物,9个优势区域,及以外的大多数国家级商品粮基地县(场)	覆盖部分国家级商品粮基地县(场),及大多数省级商品粮基地县(场)	优势区和潜力区以外具备粮食生产能力的所有县(场),如大中城市郊区、东部发达地区、西部生态建设区等	新疆、内蒙古和黑龙江部分地区,约1亿亩可用于开发。近期优先谋划新疆战略储备区建设
现实条件	区位优势明显,资源环境条件优越,具备基础设施条件,农民种田技术基础较好,机械化生产水平相对较高	粮食生产具有较好的区位优势,自然资源环境条件与经济技术生产基础较好,但存在制约因素	当前粮食生产已达到一定水平,但受社会经济自然等因素制约,未来扩大规模、开发潜力有限	水资源短缺和生态脆弱,目前暂不宜开发,作为战略储备
功能定位	保证国家基本需要,建设优质商品粮、专用粮、饲料粮基地	以区内调剂为主,补充优势主产区跨区平衡不足的商品粮	确保现有粮食生产能力不下降,有条件地区可以适度开发	—
主攻方向	发展现代粮食生产,提升产业档次和水平,推进规模化、机械化、产业化、标准化和服务社会化进程	以易于开发、有增产潜力的县(场)为重点,坚持改造中低产田、提高单产的主攻方向	严格保护现有耕地资源,保持农田水利设施有效运转,加强优质粮食品种推广	以保护生态环境为前提,筹划重大水利工程及粮食生产配套设施建设,做好应急转产基础工作
建设目标	抓好重点,带动全区粮食播种面积保持8亿亩,提高耕地质量,更新改造农田水利灌溉设施,达到旱涝保收	粮食播种面积保持2.5亿亩,强化农田水利灌溉设施建设,改造中低产田,完善粮食生产支撑体系的能力建设	实行严格耕地保护制度,粮食播种面积保持5亿亩,粮食平均单产保持在现有水平不降低	重点开发伊犁河、额尔齐斯河和塔里木河的水源工程,扩大节水灌溉面积,收复弃耕地,开发后备资源

(二)国家粮食安全中长期规划纲要(2008—2020 年)

为切实保障我国中长期粮食安全,国家发展和改革委员会编制了《国家粮食安全中长期规划纲要(2008—2020 年)》。在总结

2008 年前 10 年我国粮食安全取得的主要成就后,该规划提出了 2008 年至 2020 年保障我国粮食安全的指导思想、目标、主要任务及政策措施,并成为我国粮食宏观调控工作的重要依据之一。

整体上,该规划明确了稳定粮食播种面积、保障粮食等重要食物基本自给、保持合理粮食储备水平、建立健全"四散化"粮食物流体系等规划目标。而保障粮食安全的重点任务则是提高粮食生产能力,并从加强耕地和水资源保护、切实加强农业基础设施建设、着力提高粮食单产水平、加强主产区粮食综合生产能力建设、健全农业服务体系五个方面入手。

具体来看,为实现到 2010 年人均粮食消费量不低于 389 公斤、到 2020 年不低于 395 公斤目标,规划从生产、供需、物流三个层次提出了 12 个细分指标(见表 2-5)。

表 2-5　保障国家粮食安全主要指标一览表

类别	指标	2007 年	2010 年	2020 年	属性
生产水平	耕地面积(亿亩)	18.26	≥18.0	≥18.0	约束性
	其中:用于种粮的耕地面积	11.2	>11.0	>11.0	预期性
	粮食播种面积(亿亩)	15.6	15.8	15.8	约束性
	其中:谷物	12.88	12.7	12.6	预期性
	粮食单产水平(公斤/亩)	316.2	325	350	预期性
	粮食综合生产能力(亿公斤)	5016	≥5000	≥5400	约束性
	其中:谷物	4563	≥4500	≥4750	约束性
	油料播种面积(亿亩)	1.7	1.8	1.8	预期性
	牧草地保有量(亿亩)	39.3	39.2	39.2	预期性
	肉类总产量(万吨)	6800	7140	7800	预期性
	禽蛋产量(万吨)	2526	2590	2800	预期性
	牛奶总产量(万吨)	3509	4410	6700	预期性

续表

类别	指标	2007 年	2010 年	2020 年	属性
供需水平	国内粮食生产与消费比例(%)	98	≥95	≥95	预期性
	其中:谷物	106	100	100	预期性
物流水平	粮食物流"四散化"比重(%)	20	30	55	预期性
	粮食流通环节损耗率(%)	8	6	3	预期性

该指标强调了保持粮食播种面积的稳定性。到 2020 年,国家的耕地保有量应不低于 18 亿亩,全国谷物播种面积应稳定在 12.6 亿亩以上。在保证粮食生产的前提下,要努力恢复油菜籽、花生等油料作物的播种面积达 1.8 亿亩左右。对于重要粮食,国家粮食综合生产能力应达到 5400 亿公斤以上,并保证稻谷、小麦、玉米、畜禽产品、水产品等能自给。同时,中央和地方应保持合理的粮食储备水平,小麦和稻谷的储备比重不低于 70%。

(三)全国新增 1000 亿斤粮食生产能力规划

关于如何通过新增粮食生产能力来满足我国当前的粮食需求,国家发展和改革委员会制定了《全国新增 1000 亿斤粮食生产能力规划(2009—2020 年)》,并明确点明了我国当前粮食生产重心北移、粮食产能向主产区和产粮大县集中、粮食生产集约化水平提高、储运设施明显改善、粮食品种结构不断优化等粮食生产格局的变化。

据《国家粮食安全中长期规划纲要(2008—2020 年)》要求,2020 年全国的粮食消费量应达 5725 亿公斤,按保持国内粮食自给率95%测算,国内粮食产量应达到约 5450 亿公斤,也就是说,比现有粮食生产能力还要增加近 450 亿公斤。但由于存在较多不确定性因素,根据我国资源、经济、技术等实际情况,本着提高粮食综合生产能力、确保供给、留有余地的原则,我国还需再新增 500 亿公斤,并拥有能相对稳定实现一定产量的粮食产出能力。于是,国家设定期限为 2009—2020 年,规定品种为稻谷、小麦、玉米三大作物并兼顾大豆,按照粮食生产核心区、非主产区产粮大县、后备区和其他地区对全国进行统筹规划。

从我国历年粮食单产情况看,1949—1978 年粮食单产年均增长 3.2%,1979—2007 年单产年均增长 1.9%,在面积不变情况下,未来想要新增粮食 500 亿公斤,粮食单产年均仅需增长 0.9%。因此,通过加大投入、改善农业生产条件、增强科技支撑能力来实现粮食增产目标是可能的,具体理由如下:

一是粮食生产政策环境不断优化。党中央、国务院坚持把确保国家粮食安全放在经济工作的重中之重,把发展粮食生产放在现代农业建设的首位,地方各级政府认真落实中央的各项强农惠农政策,不断加大对粮食生产的支持和保护力度。2004 年以来,国家取消了农业税,实行了"四补贴"以及产粮大县奖励政策,建立了粮食最低收购价、托市收储以及支持粮食生产的补贴制度等。随着我国综合国力的增强,国家将继续扩大对粮食生产的补贴规模,提高粮食最低收购价格水平,进一步保护和调动农民的种粮积极性。

二是农业生产条件逐步改善。根据中国工程院对典型地区调查数据,有灌溉条件地区的小麦单产是旱地单产的 1.67—1.89 倍,有灌溉条件的玉米单产是旱地单产的 1.47—1.53 倍,而且产量相对稳定。通过配套完善灌排条件,改良土壤结构,提高土壤肥力,可增强粮食生产抗灾能力,增加单产水平 15%—20%。

　　三是农业科技推广应用步伐加快。我国农业科技到位率仍然较低,常规作物自留种比例较高,高产品种没有得到普遍应用,主栽品种多乱杂,高产栽培技术推广不到位,现有品种潜力尚未得到充分挖掘。根据全国粮食高产创建活动经验,通过使用优良品种、组装配套集成农艺和农机技术,每亩可提高产量50—75公斤。

　　四是粮食产前产后保障水平提高。目前我国耕种收综合机械化水平仍然偏低,粮食烘干、仓储、运输能力不匹配。通过提高农机质量,增加机型,推进社会化服务,提高粮食生产效率;通过进一步加强粮食烘干、仓储、运输等设施建设,提升粮食收储和调运能力,夯实粮食产前、产后保障基础。

　　总的来说,国家层面的规划对粮食生产工作提出了以下方面的要求和目标。一方面,稳定粮食生产基础,巩固并提升粮食综合生产能力。严格耕地保护制度,建设国家粮食安全产业带,加强粮食生产的质量和安全监管。稳定粮食播种面积,提高粮食单产,以确保粮食供应的基本稳定性和持续性。优化产业结构和区域布局,促进种植业高质量发展,以确保粮食产量的稳步增长。另一方面,推动农业绿色转型,包括实施化肥、农药减量行动、治理农膜污染、推进秸秆综合利用和畜禽粪污资源化利用等举措,以提高农业生产的环境可持续性和产品质量。提升粮食品质,包括优化粮食品种结构、发展功能性粮食和特色粮食,以满足消费者多样化的需求。同时提高粮食产业链的完整性和可持续发展能力。

　　总体而言,从"十四五"规划到国家农业发展相关规划再到粮食专项规划,这些国家层面的规划对粮食生产工作提出了全面、系统的要求和目标,旨在确保粮食供应的稳定性、品质和安全性,推动粮食产业的现代化和可持续发展。

第二节 县级政府对国家规划的有效落实

"十四五"规划以及国家层面有关农业和粮食的专项规划为保障国家粮食安全提出了科学思路和切实部署。将国家规划进一步落实、转化为清晰可操作的举措,则需要地方政府牢牢把握国家发展目标,同时结合本地实际情况,充分发挥能动性与创造性,制定适合本地的规划。山东省德州市齐河县有关粮食生产的部署也并未局限在一县一隅,而是站在国家粮食安全大局,始终坚守使命、勇挑重担。根据国家"十四五"规划的发展思路,以及相应各项粮食专项规划的指导,齐河县农业农村局以深入推进农业供给侧结构性改革为主线,主动对接都市,以现代农业园区建设引领现代农业发展;以农业生产性服务业带动三产融合;以农业消费性服务业提升农业的发展空间和品质,打造全国一流的高效绿色农业核心区、县乡村联动城乡融合先行区、农文旅三位一体都市农业示范区。

一、升级规划目标:从"高产创建"转向"绿色增效"

齐河县科学地制定了本地规划,超前布局工作重心、升级生产方式以及调整种植结构。在粮食生产模式上,齐河县自 2008 年开展粮食高产创建先试先行以来,粮食生产规划方案经历了一系列改进。齐河县最先在 2010 年实施了整建制粮食高产创建,并于 2015 年逐渐向粮食绿色高产高效创建转变,即由原先的"高产创建"和"绿色增产模式攻关"优化升级为当前的"绿色高产高效创建"模式,改"万亩片"创建为"整建制"创建,由"高产"指标提升向"稳产、提质、增效、绿色、可持续发展"的综合创建模式发展,这背后隐含着齐河县粮食生产对国家宏观规划和粮食规划指导的有力回应。

(一)先试先行的粮食高产创建规划

2008年,山东省德州市在全国率先提出了开展粮食高产创建活动,并决定在齐河县进行先行试点。这一决定不仅标志着市政府对齐河县粮食生产的战略性投资和高度重视,也预示着齐河县在未来粮食生产和农业可持续发展方面的巨大潜力。

围绕稳粮、增收、强基础、重民生,国家、省、市相继出台了支农惠农政策,为作为试点县的齐河县粮食高产创建提供了良好的政策、资金、技术等多方面支持。一方面,齐河县享受到了各种农业政策和财政资金支持,为其在粮食高产创建方面取得成绩奠定了重要基础。6年时间里,政府在粮食生产方面的投资高达3.93亿元,并建成了全国面积最大、标准最高的20万亩粮食增产模式攻关核心区。另一方面,齐河县还接触和应用了多种农业新技术和新模式,包括但不限于农田水利改造、土壤肥力管理和高效利用、病虫害综合防治,以及农作物品种改良等,这些都为齐河县在高产粮食创建方面提供了有力的技术支持。

而在开展粮食高产创建活动的一年后,即2009年,德州市便以粮食总产144.24亿斤,小麦、玉米两季单产合计1061.4公斤的成绩,成为全国首个"亩产过吨粮、总产过百亿斤"的地级市。随后,齐河县政府又投入了2000多万元,对全县60万亩夏玉米实行免费统一供种,连续3年对20万亩核心区实施深耕深松作业补贴,并连续 4 年每年补贴购置小麦宽幅播种机近 600 台(套),总量达到了 3000 多台(套)。①

　　齐河县作为粮食生产的重要基地,粮食高产创建也在宏观规划的指导下进行。齐河县在国家规划的基础上,进一步完善了其粮食生产总体布局,针对地方实际情况制定了一系列增产措施,加强农业技术推广和服务,加大对农业基础设施的投入,实施绿色增产增效生产模式,以确保粮食产能和质量的持续增长。齐河县在全国粮食生产布局中因其超前布局、主动调整,成为全国粮食主产县高产创建和绿色转型的标杆。

　　同时,为了落实有针对性的粮食生产规划,齐河县还在县域空间范围内,实现规划内容从先行地区到全域,从重点乡镇到全部乡镇的扩展,并结合国家宏观规划和粮食行业规划的要求,以及各级推行项目制的实际,制订了粮食高效生产模式和农业产业链升级的空间扩展计划,使粮食高产创建和绿色增效逐步从局部扩展到了县域全境。

(二)粮食高产创建中的"整建制推进"

　　除了整建制推进,粮食高产创建的另一项重大任务是抓好高产创建大方田建设,大力实施"8521"工程。② 与此同时,2014 年的《全县农业农村工作要点》中还提到要严格落实高产创建技术措

① 杨志华、李成祥:《一个整市推进的高产创建样本——德州市粮食"九连增"的路径探寻》,《农民日报》2011 年 11 月 22 日,见 https://www.moa.gov.cn/ztzl/lswdzcxd/dfdt/201111/t20111122_2415101.htm。

② "8521"工程:在全县 115 万亩粮田中,规划建设 80 万亩粮食高产创建示范区,50 万亩高产创建中心区,20 万亩高产创建核心区和 1 万亩粮食增产模式攻关展示区,带动全县粮食生产实现"十二连增"。

施,加大农业科技培训与指导力度,大力开展粮食增产模式攻关,严格落实粮食配套增产集成技术措施,力争万亩粮食增产模式攻关展示区,夏、秋两季实现"吨半粮"。

经过这一系列粮食高产创建工作的努力,齐河县最终入围了全国超级产粮大县,并在粮食增产提质上取得了重要成果。2015年,齐河县的粮食总产量已达到 14.5 亿公斤,占据了德州市粮食总产量的 1/6,并连续 9 年年总产量超 10 亿公斤。[①] 这些成就都是齐河县多年来在粮食高产创建方面努力的重要见证,也为其他地区提供了宝贵的经验参考。

(三)粮食高产创建中的"绿色高效"转型

要实现粮食稳定绿色增产,除了要下力气抓紧抓牢农田设施建设和统一供种这两个关键因素之外,强化服务体系建设和绿色发展导向等其他方面同样也不可忽视。在经过了 2008 年开展的粮食高产创建先试先行和 2010 年实施的整建制粮食高产创建,齐河县自 2015 年始又转变了粮食生产发展路径,开启了粮食绿色高产高效创建之路,逐渐从高产创建向绿色增效转变,并推进齐河县由农业大县向优质绿色高效农业大县转变。

2016—2018 年,齐河县政府连续 3 年实施了粮食绿色高质高效创建项目,对全县粮食提质增效起到了积极推动作用,巩固了全国产粮大县地位。经国家调查队测产,齐河县的粮食总产基本常年保持在 22 亿斤以上,这得益于政府在具体工作中坚持的"一个到位""四个关键""两个强化"。

---

① 《山东德州:老粮仓焕发新活力》,新华社,http://www.news.cn/local/2023－08/01/c_1129780692.htm。

在开展绿色高产高效创建工作中,为保障粮食生产稳定发展,齐河县根据总体目标并结合各乡镇(街道)的实际情况,确定了分年度建设的目标和重点建设内容。具体来看,重点建设内容主要包括农田基础设施建设工程、耕地质量提升工程、农技推广工程、服务体系创新工程、农机具配置工程和统一供种工程等。其中的重中之重则是高标准粮田建设提档升级,打造旱涝保收的绿色生产大平台。

正是因为高度重视粮食安全生产工作,以整建制粮食绿色高质高效创建为主抓手,齐河县被授予国家农业绿色发展先行区、全国农民合作社质量提升整县推进试点县、省部共同打造乡村振兴齐鲁样板示范县暨率先基本实现农业农村现代化试点县、2020中国乡村振兴百佳示范县市、省级现代农业(粮食)产业园等荣誉称号。

二、规范生产方式:建立技术密集型粮食生产标准

想要建设优质绿色高效农业大县,转变生产方式也十分重要。于是,齐河县根据国家总体的规划要求,总结经验,创新机制,高起点谋划、高标准创建、高质量推进,着力从标准化生产、农业技术推广、技术集成应用、服务方式创新这四个方面工作入手来推进绿色生产方式的转变,进而扎实开展绿色高产高效创建,更好地打造绿色增产模式攻关的升级版。

(一)标准化生产

标准化生产是推进绿色生产方式转变的基础,也是确保农产品质量和环境可持续性的关键一步。作为全国试点的先行

县,齐河县率先制定出台了小麦、玉米质量安全生产和社会化服务两项标准体系,并在 80 万亩粮食绿色高产高效创建示范区按照这两个规范进行标准化生产。同时,齐河县还探索形成了现代生态农业绿色清洁生产技术标准,并建设了全国最大的绿色食品原料(小麦、玉米)标准化生产基地,拥有 105 个"三品一标"农产品,认定面积高达 100 万亩,占据食用农产品总面积的80%以上。

农业生产的标准化是农业现代化的重要组成部分。一方面,标准化的生产过程能为农产品提供质量保证。通过使用自动化和智能化的先进设备、高性能种子、合理的施肥和灌溉计划以及有效的病虫害防治方案等,农民能更加高效高质地对农田进行管理,确保农产品在各个生长阶段都得到最佳的养分和环境条件,从而确保粮食生产的品质和安全性达到高标准要求,促进农民长效增收。

另外,标准化也提高了农产品的市场竞争力。标准化的生产过程能够保证农产品的质量,更好地保障人民群众饮食安全,也更能获得消费者的信赖,从而提高农产品的市场竞争力。另一方面,标准化生产也能减少资源浪费和环境污染。通过制定一套全面而详尽的生产规范和标准,规定种植时间、施肥量、用药种类和剂量等,并使用智能化灌溉和施肥系统,农民可以准确控制水和肥料用量,从而减少对土壤和水资源的过度消耗。

此外,精准农业技术还可以帮助农民实时监控农田状态,以便及时调整生产方案,减少农药和化肥的不必要使用,降低环境负担。这些都有助于实现农业生产过程的可控性和可预见性,减少不必要的资源浪费,降低环境污染的风险。

（二）农业技术推广

农业技术作为粮食生产过程中的核心部分,在提高粮食产量、优化粮食品质、降低粮食生产成本等方面起着至关重要的作用。因此,齐河县将农业技术推广置于其规划布局的重点位置,健全三级农技推广体系、搭建两院三站平台、建设农业创新实验示范基地,培育了一大批技术全面的"乡土绿色专家",最后在农技推广和农业可持续发展方面取得了令人瞩目的成果。

一方面,齐河县成功地建立和完善了县、乡、村三级农技推广体系。具体来看,主要有以下实施措施:

成立了 61 人的县级农技专家库,规范乡镇农技推广站 15 个、村级农业综合服务站 197 个,每乡镇配备不低于 10 人的农技推广队伍,每个村选择 10 个科技示范户。同时还创建了县基层农技推广信息化应用平台,推广了全国农技推广 App 和齐河农技推广 App,在县电视台、《齐河报》分别设立了专家讲座和金点子专栏,实现了农户与互联网有效联结、专家与农户"零距离"交流。①

这一体系不仅上下联动,而且运转高效,能够确保农业技术及时并广泛地进行传播。县级是专家团队负责最新农业科技的研究与开发,以及策略性的决策和规划。乡级则是一个承上启下的重要桥梁,它负责将县级的科研成果和决策信息传达到农民,同时也负责收集农民的需求和反馈信息上报给县级。村级则是推广体系中最基础的一环,负责直接与农民互动,提供现场的技术指导和培

---

① 齐河县农业农村局:《山东省齐河县绿色优质高效现代化农业强县建设总体规划》2023 年 11 月, http://www. qihe. gov. cn/gov/dezhouwenjianku/policy/publicdisplay/download Videb? fileHeaderId = 1772797927934324736 & modular = accessories & index = o。

训,以确保农业技术能够在基层得到有效的应用。

　　另一方面,齐河县也在产学研结合方面取得了显著成就。通过搭建"两院三站"①的平台,建设四个农业创新试验示范基地,齐河县成功地培育了一大批"乡土绿色专家"。这些专家不仅拥有全面的农业技术知识,且因长期在当地工作和生活,对当地的土壤、气候和农作物具有深入了解。他们经常与农民面对面交流,分享成功案例,大大提高了农民的生产技能和环境保护意识。通过各类培训班和技术研讨会,当地农民也快速地掌握了大部分先进的农业生产技术和管理方法,这对粮食生产方式的转变来说,无疑起了极大的推动作用。

(三)技术集成应用

　　在着力推进技术集成应用方面,齐河县集成推广了小麦"七配套"②和玉米"七融合"③绿色高产高效技术模式,包括土壤改良、精准种植、施肥控制,以及病虫害防治等方面的综合解决方案,并示范推广了土壤改良、减种减肥、减少农药等绿色栽培技术。

1. 土壤改良

　　针对土壤改良,齐河县在全县百万亩玉米地实现了秸秆还田,每两年进行一次深耕和深松,在减少焚烧秸秆带来的环境污染问题的同时,还丰富了土壤有机物质,提高了土壤的持水性和透气性,使土壤中的营养更易被作物吸收,为作物提供更优质的

---

　　①　两院三站,即研究院、教育院、实验站、示范站、推广站。

　　②　小麦"七配套",即优质品种+配方精准施肥+深耕深松灭茬+宽幅精播+浇越冬水+氮肥后移+一喷三防。

　　③　玉米"七融合",即优质耐密品种+宽垄密植+抢茬机械单粒精播+配方精准施肥+一防双减+适期晚收+机械收获。

生长环境。

特别是,齐河县还总结提炼出了一套"麦秸覆盖、玉米秸秆全量粉碎还田模式",旨在通过综合管理来提高土地的可持续利用率。这一模式的核心理念是通过麦秸和玉米秸秆的全量粉碎和还田,实现土壤保水、增加土壤有机物含量、改善土壤结构,并最终提高农田生产效率。一方面,麦秸覆盖在土壤表面形成一层保护膜,能够有效减少水分蒸发,改善土壤的保水能力。另一方面,玉米秸秆全量粉碎还田也解决了秸秆处理难的问题,为土壤提供了丰富的有机物质,有助于农作物吸收营养,从而提高了农作物的产量和质量。

2. 减种减肥

为了节约种子,齐河县已经投入了累计超过 1200 万元,用于补贴购买小麦宽幅精量播种机和玉米宽垄密植单粒播种耧。这些高效的农机设备使小麦的节种量达到了 23%,而玉米的节种量甚至达到了 47%。①

关于如何减少化肥用量,齐河县主要推广了测土配方精准施肥、种肥同播、底肥一次性施用、高效缓释肥和水肥一体化等先进技术,农民可以根据土壤的具体条件和作物的需求来定制化肥方案,从而避免过度施肥带来的环境压力和成本浪费,同时也能在提高施肥效率的基础上,进一步优化农作物的营养供应。

3. 减少农药

在减少农药使用方面,齐河县推行了一系列绿色防控技术,包括精准预测预报、精准施药、专业化统防统治和杀虫灯物理诱杀等

---

① 齐河县政府文件:《开展绿色高质高效创建,深入推进粮食产业提档升级》(内部资料)。

措施。通过精准预测预报系统的实时数据分析,农民可以预测哪些地块和作物更可能受到病虫害威胁,精准施药,避免过量或不必要的农药使用,减少对土壤和水源的污染。专业化统防统治则是通过专家团队和专用设备来进行集中的病虫害防治,不仅能够减少农民个体操作中的失误,还能减少农药浪费,提高防治效率。而杀虫灯物理诱杀则是一种更为环保的病虫害控制方法,它通过使用特定频率的光源来吸引并消灭害虫,从而无须使用化学农药。

总体而言,这些举措不仅有助于提高农业生产的可持续性,也是对地方生态环境负责的表现,与全县农业服务方式创新和社会化服务体系的构建相得益彰,共同为实现更高效、更环保的农业生产提供了强有力的支持。

(四)服务方式创新

为适应现代农业发展的需求,齐河县政府也在着力推进服务方式创新,不断健全农业科技、信息、金融和保险服务体系。具体而言,病虫害和农业生产全方面服务方面尤为突出。

齐河县在应对病虫害方面采取了科学高效的综合防控措施,为保障农业生产安全提供了重要支持。全县统一购置植保无人机,强化乡镇植保服务能力。2022 年日作业能力达 30 万亩以上。同时,县财政支持实施"一喷三防""一喷多促"等统防统治项目,为农户提供集中供药和飞防作业。2022 年累计开展小麦"一喷三防"等统防统治 230 万亩次①,极大地保证了农作物的健康和质量。

---

① 齐河县政府文件:《山东齐河:创新实施节本增效"六统一"打造农业全过程社会化服务新标杆》(内部资料)。

通过强化病虫害精准监测和预警,齐河县提高了防治的科学性和有效性,病虫害预报准确率达到 90% 以上,统防统治覆盖率和低毒低残留农药使用率均达 100%,实现了病虫害精准防治和农业面源污染的显著降低。同时,加强有针对性的技术培训,据统计,齐河县 2022 年全年累计发布病虫情报 14 期、技术指导意见 3 期、开展电视讲座 4 期、发放技术明白纸 5.5 万份。发放《夏玉米测土配方施肥方案》900 余份、技术明白纸 4 万份[1],实现了测土配方施肥技术全覆盖。大力开展现代生态农业清洁生产基地试验示范工作,打造了 30 万亩现代生态农业创新示范区,推广集约化农区清洁生产型现代生态农业建设模式,构建了"清洁田园",形成农田立体景观带,提升了农田生态系统多功能性,成功举办全国现代生态农业创新示范基地现场观摩会。[2]

不仅如此,社会化服务组织还涉及了土壤深耕、播种、施肥和收割等农业生产的其他各环节,2022 年社会化服务面积 900 万亩次以上,亩均节本增效 400 元以上[3],服务面积累计达到了 380 万亩次。在土壤深耕方面,专业服务通过改善土壤结构和营养分布,为农作物提供了更好的生长环境。在播种和施肥方面,精准农业技术的引入确保了种子和肥料能更有效地被利用,从而提高了单位面积产量。

此外,齐河县政府还推出了"菜单式"服务,允许农户根据需求选择不同的服务项目,不仅满足了多样化的农业需求,还提高了服务的灵活性和适应性。同时在"一站式"服务模式下,从土地准

---

[1] 齐河县政府文件:《农业农村污染治理情况汇报(2022 年)》(内部资料)。
[2] 齐河县政府文件:《齐河县农业农村局工作报告(2018)》(内部资料)。
[3] 齐河县政府文件:《山东齐河:坚持文化同步　促进绿色农业提质增效》(内部资料)。

备、种子选购、农资供应到农产品的收储和销售,都可以在一个平台上得到有效解决。

同时,这种综合性服务也带来了更高级别的数据分析和解决方案,如土壤质量监测、水资源管理等,以更加科学和可持续的方式优化农业生产。通过这种全面高效的服务模式,齐河县政府不仅解决了农户在农业生产过程中遇到的具体问题,也在宏观层面上推动了农业的可持续发展和现代化,对提高农业产量、保障粮食安全,以及促进乡村经济的综合发展都具有重要的意义。

三、调整种植结构:以高品质粮食创造品牌效应

近年来,齐河县以建设济南农副产品供应基地为目标,格外注重调优粮食种植结构,以实现供给侧与需求侧有效衔接。在这一背景下,齐河县采取了一系列具体措施和策略。

一方面,齐河县特别关注提升小麦品质,积极探索调优小麦品质结构,推进绿色高产高效优质小麦产业示范园区建设;另一方面,齐河县还致力于调整秋粮种植结构,探索立体间作新模式。除此之外,齐河县还启动了现代种业提升工程,主要集中在种子研发、改进种子生产和储存方法、构建稳健的种子供应链等方面发力。[1]

(一)调优小麦品质结构

在调优小麦品质结构上,齐河县采取了“企业+合作社+大户”的经营模式,发展强筋小麦订单生产。随着农业供给侧结构性改

---

[1]　齐河县政府文件:《开展绿色高质高效创建,深入推进粮食产业提档升级》(内部资料)。

革的深入,订单生产的积极作用也不断显现,它不仅可以有效地发挥规模经营的技术和组织优势,还可以帮助新型农业经营主体尽量规避市场价格波动带来的风险,并且还有相较于普通小麦更高的盈利性。

对于规模经营的技术和组织优势,主要是由于在这一模式下,企业、合作社和大户农民联合进行强筋小麦的种植,共同分享生产和营销的责任。其中,合作社和大户农民大规模地集中采购种子和农资,各方均可获得种子和农资的批量折扣,从而降低种子和农资的单位成本。而统一的田间管理也确保了作物得到专业、高效的照料,使小麦的产量和质量得到一定的提升,减少了因管理不当导致的作物损失,从而进一步提高生产效益。

在不稳定的市场环境中,预先约定的价格机制实际上充当了一种风险缓冲器。特别是对小型农户而言,市场价格波动可能会严重影响其经济状况,有时甚至可能导致财务危机。

通过订单生产,农户和合作社能与企业预先约定小麦的销售价格,达成销售协议。这就为农户提供了可预见的收入和更多的经济安全感,减少了市场不确定性带来的经济压力,而农户则能有更多时间和精力专注于提高农业生产效率和质量,而不是担忧产品销售的不确定性。此外,由于价格是预先锁定的,这种预定价格机制还能鼓励更多农户参与到特定品种的生产中,农户也将更有动力投资于土壤管理、良种选择和其他提高产量与质量的农业实践。

除了提高效益和降低市场风险外,该模式还进一步推动了小麦品种结构的优化。以强筋小麦为例,由于消费者对食品质量和安全性日益关注,而强筋小麦本身就具有良好的加工特性和产品质量,能满足更为严格的质量标准,所以这一品种在面粉、面点和其他食品加工行业中有着更高的应用价值和需求。2020 年推广山农川、济麦 44 等优质强筋小麦 7 万亩①,每斤小麦的价格较普通小麦高出 0.15—0.2 元,且每亩可增收 220 元左右。

在"企业+合作社+大户"的经营模式下,发展强筋小麦订单生产可以使农户们参与到这一更高附加值的产业链中,满足市场对优质食品原料的需求。从长远来看,强筋小麦作为一个具有更高市场需求和更大经济效益的品种,其推广和种植都符合国家关于农业高质量发展的总体战略,也有助于优化小麦的种植结构。

(二)调整秋粮种植结构

为了调整秋粮种植结构,齐河县积极引导种粮大户和家庭农场因地制宜发展多种经营,推广各种立体间作种植模式。齐河县的实践也表明,引导种粮大户和家庭农场向多元化、立体间作的种植模式转变对推动农业供给侧结构性改革有着重要作用。

由于夏玉米喜光耐热的特性,若对其实行宽行密植栽培,与多种作物间作种植,不仅能保持夏玉米自身的产量,还为与之间作的夏花生、大豆和甘薯等其他作物创造有利的生长环境,并在玉米不减产的情况下使单位土地面积的收入显著提高。因此,齐河县积极引导种粮大户、家庭农场推广如夏玉米—夏花生、夏玉米—大豆、夏玉米—甘薯等立体间作种植模式。②

在这些间作种植模式中,夏玉米—夏花生立体间作种植模式效果尤为显著。通过花生的生物固氮作用,一方面能够为土壤提

---

① 齐河县政府文件:《齐河县粮食工作情况汇报(2021 年)》(内部资料)。
② 齐河县政府文件:《开展绿色高质高效创建,深入推进粮食产业提档升级》(内部资料)。

供氮素,减少对化肥的依赖;另一方面还能够通过改善土壤微生物活性来提升土壤整体肥力和结构,有益于后续种植周期的作物。此外,夏玉米与夏花生的相互作用还可以改善作物多样性,尤其是花生作为一种高附加值的农产品,在市场上具有稳定的需求,因此农户可以在相同的土地上获取更多样化的收入来源。

目前,这种立体间作新模式已在山东省部分地区开始试验示范,并显示出明显的经济效益和环境效益。特别是夏玉米—夏花生模式的大面积示范应用,将有助于推动农业供给侧结构性改革。

通过高效利用土地资源,这种模式可以实现多种农产品的多角度生产,能更灵活地应对市场对不同农产品的需求,既能满足多样化的市场需求,也有助于解决供需失衡的问题。同时,立体间作模式还通过作物的相互补充和生物固氮,减少了对化肥和农药的依赖,进而减轻了对环境的负担,这与农业绿色转型的目标高度契合。另外,立体间作模式下的农业不仅仅依赖单一作物的种植,而是形成了一种多元化、复合化的经营模式,能够有效提高土地和劳动力的利用效率,还能通过农产品加工和二次开发延长农业产业链,增加农业的附加值。

(三)实施现代种业提升工程

在现代种业提升工程中,齐河县主要从提升粮食品种的科研与创新能力、扩大优质良种的推广与应用、发展多功能与特色作物三个方面出发[1],进行细致的规划与实施,以实现整体粮食的产量提升和结构优化。

---

① 齐河县政府文件:《开展绿色高质高效创建,深入推进粮食产业提档升级》(内部资料)。

　　为了适应农业现代化特别是粮食生产方面的需求,齐河县着重强化了与中国农科院、山东农业大学等科研院所的战略合作。① 这一合作不仅涵盖了共同研发更具生产力和抗逆性的农作物品种,还包括了建设和运营一个国内领先的协同创新育种中心。这一中心,为了满足本地社区的粮食需求,更是为了齐河县能在更广泛的范围内提升其粮食生产水平,为实现农业现代化和可持续发展打下坚实的基础,实现在农业方面的快速、健康发展。

　　为了扩大优质良种的推广与应用,齐河县还积极建设了省级优质良种示范推广基地,并设定了将其育种面积扩大到2023年的10万亩以上的目标。为此,齐河县不仅强化了与各级农业研究机构和大学的合作,还引入了多种先进的农业技术和管理模式②,以推广优质种子,提高农作物的整体质量,提升农作物的抗病、抗旱等综合性能。

　　一方面,齐河县政府大力支持农业科研和技术创新,引进和培育了若干种抗逆性强、产量高的优质良种,并进行了大规模的田间试验。还通过农业展览、农民培训等各种渠道进行了广泛的宣传和教育,以确保当地农民能够了解和掌握这些新良种的优点和种植技术。另一方面,齐河县还加速建设省级优质小麦生产基地县,并确保供种面积达到100万亩以上,良种覆盖率达到100%。

　　除了传统的粮食作物,齐河县还格外注重多功能与特色作物的开发。例如,大力推动粮饲兼用玉米的种植,引导扩大特色专用玉米种植,以及加速藜麦育种和产业化的发展。建成全国领先的

---

① 齐河县政府文件:《关于加快优质绿色高效农业大县建设的实施意见》(内部资料)。
② 齐河县政府文件:《开展绿色高质高效创建,深入推进粮食产业提档升级》(内部资料)。

藜麦育种研发平台,并拥有国内最大最全的藜麦种质资源库。[①]这样的多元化种植不仅能够为当地提供更多营养丰富、具有特色的农产品,更好地满足市场和消费者对多样化、高质量农产品的需求,还能进一步提高农业产业的附加值和竞争力,缓解单一作物所带来的市场风险,带来更高的利润空间。

第三节 粮食生产标准化在县域内的扩散

齐河县科学制定并不断完善粮食生产的规划内容,思考如何在县域范围内实现高效生产模式的空间扩展,最终达到全县统一采用。一方面,齐河县建立了多层次的粮食高产创建的空间布局和扩展体系,从核心区到示范区,再到辐射区进行逐级推广。另一方面,齐河县还着重强化各区域之间的互动和协同,在实施粮丰工程项目中探索不同区域的协同联动。此外,齐河县还构建了现代农业产业链,并对其进行纵向拓展农业增值增效空间和横向拓展农业功能价值,旨在通过优化增值链和推动多功能性发展以实现农业的社会价值和经济价值最大化。

一、粮食高产创建的空间扩展机制

在落实粮食规划的过程中,空间布局起着至关重要的作用。为了实现粮食的绿色、高质、高效生产,齐河县在具体实践中根据农业发展的高标准要求推出了"三区"建设工程,形成了层次分明

---

① 齐河县政府文件:《开展绿色高质高效创建,深入推进粮食产业提档升级》(内部资料)。

的农业发展架构,并进一步形成了经济效益、社会效益和环境效益三位一体的新发展模式。

(一)"梯次扩散"与"节点辐射"

以"梯次扩散"和"节点辐射"的空间扩展机制为特征,齐河县的"三区"建设工程主要包括了农业农村部 30 万亩绿色高质高效创建核心区、80 万亩绿色高质高效创建示范区和 100 万亩绿色高质高效创建辐射区三个区域①。其中,核心区主要负责试点先进的粮食生产技术和管理模式;示范区主要负责把核心区的成功经验推广到更大范围内;辐射区则进一步拓展了这些粮食生产经验,使之能够覆盖到全县,甚至更广泛的区域。

在齐河县的整体粮食规划中,核心区的设立为战略性规划中的第一步。它不仅是技术创新和管理优化的试验场,也是最先体现高效、高质农业模式的地区。此外,它还是推动全县乃至更广泛地区农业高质量发展的重要引擎。齐河县政府通过各种农业培训、示范和公开日等活动,向外界展示核心区的粮食生产经验以吸引更多的投资和合作机会,并为其他地区提供学习借鉴的"样板"。

在核心区成功建立后,下一步便是向更广阔的地域扩展这些先进实践,即建设 80 万亩的示范区。示范区的作用主要是进一步验证和展示核心区模式的可行性和可复制性,通过大规模应用来实现经济效益的提升和生态环境的改善。同时,它的建立也为农民提供了更多观察和学习先进农业实践的机会,从而进一步推动

---

① 齐河县政府文件:《齐河县"吨半粮"生产能力建设工作情况汇报(2022 年)》(内部资料)。

了技术和管理模式的普及。

在核心区和示范区均成功建立并运行后,最终的任务则是将这些高质量、高效率的农业实践继续推广到一个规模高达 100 万亩的辐射区。这一阶段主要目的则是实现区域内农业的全面升级和可持续发展,将经验和技术从核心区和示范区"辐射"到更广泛的地域。这种"节点辐射"的扩展机制,不仅可以实现技术和模式的大规模推广,同时也有助于区域内农业产业结构的优化和升级。

(二)经济效益、社会效益和环境效益三位一体

在"梯次扩散"与"节点辐射"相结合的空间拓展机制下,齐河县粮食规划实施了一系列重点工作,以优化本县当地的农业资源配置,提高生产效率和质量,同时也推动了农业生产模式的优化。通过采取节水灌溉、有机耕作和可持续土地管理等一系列措施,这一模式构建了一种经济效益、社会效益和环境效益三位一体的发展路径。

从经济角度上看,齐河县的粮食规划重点关注如何高效地整合与优化配置土地、水资源、农业科技和人力等农业的关键生产要素,以大幅提高其粮食生产效率,确保稳定和高质量的粮食供应。一方面,规划中特别强调了引入先进的农业生产技术和高效的生产方式能降低单位产品的生产成本,进而提高其农产品的市场竞争力;另一方面,通过展现高效和可持续的农业生产模式,齐河县吸引了更多的投资和合作伙伴,进而为粮食生产提供足够的资金支持,进一步加速地方经济的发展。

在提升农产品市场价值方面,齐河县粮食规划注重通过优化资源配置和采用现代农业科技优化生产流程,以较低的成本获取

更高的产量和更优质的产品,赢得更大的市场份额,有效增强农民在市场上的盈利能力。从长期来看,这不仅有助于提升农村地区的经济条件,还能促进城乡间收入差距的减小,进而促进社会稳定和谐。

在环境保护方面,齐河县的粮食规划明确了实施环保农业技术和可持续农业实践的重要,并展示了出色的可持续发展生产模式。在这一框架下,齐河县通过采用环保农业技术和可持续农业实践,如实施节水灌溉、减少化肥和农药的使用、有机耕作、促进土壤健康和水资源的合理利用等措施,有效地减少了农业生产对环境的负面影响,打破了农业生产与环境保护之间的矛盾,从而实现了两者的和谐共生。这些措施既维护了当地生态系统的健康,还为未来几代人提供了一个更加可持续和宜居的环境。

二、品种展示区、技术攻关区和模式集成区的共建联动

为了进一步探索粮食绿色高质高效发展的新模式,齐河县紧密依托国家重点研发计划"粮食丰产增效"专项,联手省农科院等科研院校,共同实施了粮丰工程项目。在县级的粮食规划中,特地设立了品种展示区、技术攻关区和模式集成区三个重点区域,以逐步探索构建高产稳产、协同高效的鲁北区域绿色丰产增效技术模式。[①] 其中,这三个区域各自承担了不同但相辅相成的任务,分别聚焦于农作物的品种改良和展示、农业生产中的关键技术难题、成果的综合应用等方面,促进了齐河县迅速实现向粮食绿色生产模式的转型。

---

① 齐河县政府文件:《齐河县粮食安全工作情况汇报(2021 年)》(内部资料)。

（一）品种展示区

在齐河县粮食规划中，品种选择的合适与否被视作提升生产效率的基础环节之一。通过与省农科院等科研院校的密切合作，齐河县在品种展示区内推广了多种适应当地土壤和气候条件的高产、高抗性和高营养价值的作物品种，而这些新品种往往拥有优良的抗病、抗旱和高营养等优良特性。通过品种展示区，农民可以直观了解到各种新品种的表现，从而更有针对性地选择适合本地气候和土壤条件的作物种植，不仅能有效提高农作物等产量，还能减少因选择不当导致的农作物病虫害，减少对化肥和农药的依赖，促进绿色农业的发展。

（二）技术攻关区

由于农业科技创新是提升农业质量和效益的关键因素，技术攻关区则被齐河县规划定位为推动农业科技创新的重要区域。在技术攻关区内，齐河县着力与省农科院和其他科研院校联合进行了各种农业技术的研发和测试，包括但不限于灌溉方法、土壤改良、病虫害防治等各个方面。而这些在该区域内成功开发或引进的技术，如节水灌溉、土壤管理、病虫害控制等，将进一步推广到农民手中，从而更好地应用于实际生产中，加快现代农业的普及和应用，最终实现农业生产的现代化和可持续性。

（三）模式集成区

模式集成区在县级粮食规划中则被看作实验和整合不同农业技术与管理方法的综合性区域。在实际的农业应用中，齐河县的专家项目组根据前两个区域的数据和经验,将品种优化和技术创新整合到一个完整的、可复制的农业生产模式中,制定最优的农业生产方案,形成一套全面、高效、环保的农业生产体系。同时还对这些方案进行一系列严格的现场测试和验证,之后再将其作为模板进行推广,以期在全县乃至更广泛的区域实现粮食生产的绿色、高质、高效发展。

三、产粮大县的全域生产体系建构

现代农业的特点不仅体现在生产环节的效益最大化,还体现在如加工和分销等价值链的其他环节的增值。因此,为实现从传统农业向现代农业的转变,构建现代农业产业体系,齐河县在规划中着重从纵向拓展农业增值增效空间,从横向拓展农业功能价值。[1] 其中,纵向拓展主要关注的是如何通过技术创新和产业链优化来提高农业生产的效率和产值;而横向拓展则更多地关注农业在环境保护、社会责任和文化传承等方面的多元价值。这两个维度相互补充,共同构建起一个更加高效、可持续和具有广泛社会价值的现代农业体系。

(一)纵向拓展农业增值增效空间

从纵向来看,农业的可持续发展需要在县级规划中被明确为超越传统的生产范畴,并拓展到了增值链的其他环节。纵向拓展,指深化农业产值链,对从种植、养殖到后期的加工、储运、销售的所有环节进行增值。因此,为了拓展农业增值和增效的空间,实现农

---

[1] 齐河县政府文件:《关于加快优质绿色高效农业大县建设的实施意见》(内部资料)。

产品全产业链的增值和增效,齐河县规划中明确将培育农业全产业链作为建设优质绿色高效农业大县的重要抓手,积极构建了以粮食产业链为基础,粮食、蔬菜、肉制品、饮品"四条产业链"[1],以加快粮油、果蔬、畜禽、食品产业实现集群发展,并努力争创国家级试点县,提出了到 2023 年打造 2 个亿级以上产业集群的目标。

对粮食产业链的打造,齐河县主要规划从面积、品种、储备、园区、龙头等多个方面入手。具体来看,规划中强调需要确保粮食种植面积稳定在 220 万亩以上,开展全新小麦、玉米优质品种培育、评价与推广,加快提升粮食烘干储备能力,全力加快食品产业园建设步伐,完善产业园设计规划,加强与中粮集团、三全食品、鲁粮集团等龙头企业的对接与战略合作等。[2] 从种植、收获到加工、储存,齐河县规划对全链条的每一个环节都实施了严格的质量把关和精准控制,以确保粮食的安全性和营养价值。

在蔬菜产业链方面,齐河县规划中重点强化了绿色种植和有机认证,旨在为消费者提供更加健康、安全的选择。通过外引和内培,规划中指出建设了高标准蔬菜生产基地来打造北部乡镇蔬菜产业集群,在蔬菜生产重点村引导发展"田头市场"以保证农产品安全流通,并积极引进国内知名的大型蔬菜加工企业投资建厂以带动蔬菜加工业提档升级。正是由于其特殊的蔬菜产业链打造方式和多方位的强化措施,齐河县才得以在规划中确保其农产品从田间到餐桌的每一个环节都安全可靠。

齐河县对肉制品产业链的建设也在规划中给予了高度的重

---

① 齐河县政府文件:《关于加快优质绿色高效农业大县建设的实施意见》(内部资料)。
② 齐河县政府文件:《关于加快优质绿色高效农业大县建设的实施意见》(内部资料)。

视。从养殖、饲料选择到屠宰、加工，整个过程都在严格监控之下，以确保肉制产品的卫生和质量。为了建成高出栏率的优质生猪生产基地、打造家禽养殖加工产业链、打造清真食品产业链，特别是在疾病防控和饲料安全上，县内投入了大量资源，旨在打造值得消费者信赖的高品质肉制品品牌。这样多元化的策略，不仅能满足消费者日益增高的对食品安全、品质及特色的要求，还能帮助齐河县在规划过程中更好地调整和优化其农业产业结构，减少对单一产业的依赖，提高对市场风险的抵御能力。

饮品产业链的发展也是齐河县规划中十分重要的一个环节。县内的富锶优质水资源为饮品产业提供了得天独厚的条件，尤其是"齐鲁锶源"富锶矿泉水这一品牌正逐渐崭露头角，得到了越来越多消费者的喜爱。齐河县在规划中特别强调要充分利用好这一天然优势，大力推广"齐鲁锶源"富锶矿泉水。[①] 而对于乳品产业，齐河县则着重于现代化和规模化，强调扩大奶牛的养殖规模，推进现代奶牛牧场化进程，做精乳品产业。另外，啤酒与果汁等饮料产业也是齐河县规划中的一大发展方向，为了实现更大的突破，齐河县积极培植壮大当地的饮品龙头企业，同时引进国内知名饮品企业，大力发展啤酒、果汁等饮料产业，旨在提高当地饮品的竞争力和影响力。

（二）横向拓宽农业功能价值

横向拓展主要着眼于县级农业规划的多维度拓展，并超越单纯的生产功能，赋予农业更多的维度和意义，如生态保护、休闲旅

---

① 齐河县政府文件：《关于加快优质绿色高效农业大县建设的实施意见》（内部资料）。

游、农村文化传承等。这种拓展方式不仅能为农业带来新的收入来源,更能强化农业在社会经济中的地位与价值。因此,为了增添农业发展的动力,横向拓展农业功能的价值维度,齐河县规划了加快推进农业规模化、组织化、标准化、智能化、品牌化的"五化"发展,以期拓展其农业的生态和社会功能,并构建一个更加丰富多元的多功能农业体系。

除了最直接和最主要的经济价值外,农业还具有十分重要的生态功能。因此,在实施规划过程中,齐河县十分注重加大生态农业的建设力度,以保护和恢复农田生态环境。通过建立粮食、蔬菜、畜牧等主导产业的标准化体系,健全完善县、乡、村三级农产品质量安全监管体系,齐河县在其绿色农业和生态农业等项目上实现了农产品加工全过程标准化运作和管理。这不仅提高了消费者对齐河县农产品的信任和认知,为农产品开辟了更广阔的市场空间,更重要的是促进了土壤地力的恢复和水资源的合理利用,推动了农业生态环境的持续改善。此外,生态和绿色农业的发展策略也鼓励农民采取更加环保、可持续的农业生产方法,如减少化肥和农药的使用、采用有机耕作和循环农业等,这将有助于维护生物多样性、防止土地退化,为县域和地方带来长远的生态效益。

另外,从社会功能角度来看,县级规划鼓励了农民职业技能的培训和新型农业经营组织模式的构建,提供了更多的就业机会,为农民打开了从传统农业向现代农业转型的门户,为乡村注入了新的活力。通过加强农民的职业培训,构建"龙头企业+村党支部领办合作社(公司)+家庭农场+农业产业工人"和"龙头企业+生产基地+合作社"等新型农业经营组织模式,农户们的职业技能和知识得到了极大的丰富,并从根本上提升了为自己创造幸福生活的能力。同时,这也让农民有了更多的选择,得以从传统的种植和养殖向加工、销售、乡村旅游和其他与农业相关的服务行业进行转型,也为当地的乡村带来了新的发展机遇,注入新的活力。

除了经济功能、生态功能和社会功能,齐河县在规划中还通过农业观光体验、乡村旅游、品牌营销等方式,以构建多功能农业体系。以"黄河味道·齐河"区域公用品牌为例,齐河县将该品牌与地理商标、企业商标共同组成"母子"商标体系,鼓励企业和各类经营主体积极主动使用区域公用品牌,这不仅能够凸显其特有的地理位置和浓厚的历史文化内涵,还能巧妙地增强自身农产品的市场认知度。同时,齐河县还规划通过线上电商平台、农业展览会、旅游节等方式对该品牌进行推广,提高其在国内乃至国际上的知名度。

通过这些细致的县级规划和实施,齐河县不仅在经济功能、生态功能和社会功能上得到了拓展,还成功地实现了传统农业与现代营销、文化旅游的结合,其农业也成为一个更加综合性、多功能的产业,为当地现代农业的发展、现代农业产业体系的形成以及向现代农业大县的转变注入了新的生命力。

第三章　政府管理下的"有效市场"

本章着重聚焦齐河县政府为粮食生产所打造的组织管理体系建设,重点围绕三个核心问题,即齐河县政府在粮食生产、粮食安全等项目上具体是怎么管理的? 怎么协调各有关职能部门分工合作? 如何协调与扶持多元化经营主体参与? 本章以齐河县为研究案例,挖掘齐河县在构建有效的组织管理体系上的有效措施,展示可借鉴、可模仿的粮食生产组织管理体系构建的"齐河经验"。

第一节　县域集中统一的粮食生产 市场管理体系建设路径

粮食生产是社会民生稳定的"重中之重"。因而,面对粮食生产这样的专项工作,需要构建一套与之匹配、高效的组织粮食市场化生产的多元管理体系。从而"熨平"粮食受到市场化冲击所带来的价格波动,解决好社会参与主体粮食种植积极性问题,助推粮食生产。山东省齐河县经过 20 多年的发展,在各级党委和政府的领导下,在各有关部门的支持和帮助下,把提高粮食产量、保障粮食安全作为全县促发展、惠民生、保安全的大事来抓,以实施"整建制推进、大方田引领"粮食高产创建为突破口,不断推进齐河县粮食生产向现代化、绿色、可持续发展。

截至 2022 年年底,齐河县全县粮食种植面积达 229.19 万亩,总产量 14.375 亿公斤,其中 20 万亩"吨半粮"核心区小麦、玉米平均亩产分别为 693.91 公斤、852.42 公斤,全年亩产量达到 1546.33 公斤以上,实现了 20 万亩集中连片"吨半粮"生产能力建设目标,其"吨半粮"生产能力建设的相关经验更是先后被农业农村部、山东省农业农村厅以及央视《焦点访谈》等部门(栏目)进行宣传报道。齐河县连续多年荣获全国粮食生产先进县、全国粮食生产先进标兵等荣誉称号,创造了连年高产、持续增产、保质绿色的"齐河经验"。齐河县能够取得上述的成绩,除了上级党委和政府的支持与帮助,以及齐河县全县上下多方面的努力,支撑其成绩取得的基础是齐河县为提升粮食产能、保障粮食安全所打造的一整套组织管理体系。

民间俗语常说:"火车快不快,全看车头带。"这句话体现了一个组织的领导管理层对组织带动发展以及业务推动,起到了至关重要的作用。县级领导管理组织则决定了县级政府在实现粮食生产现代化、保障国家粮食安全和群众利益、落实国家相关政策和法律法规、提高政府行政效能等方面能否起到应有之用。齐河县通过构建一套县域集中统一的县级领导组织管理体系,通过坚持党的领导,因地制宜,争取粮食生产试点项目;成立县级专班,强化督导考核,保障粮食政策延续;通过"管区书记",打造粮食生产项目网格化管理体系;开创四级责任指挥田,压实项目责任,推动"四级书记"抓粮三大手段,打造了一套"重视到位、管理到位、组织到位"的推进粮食产量提升、保障粮食安全县域集中统一管理体系。

一、以县级专班和督导考核保障粮食政策稳定性

(一)保持政策的延续

行政政策作为政府施行地方治理的工具手段,是政府管理公共事务、从事公共活动过程中"一双看得见的手"。然而,随着当下社会公共事务的日趋复杂,以政府为核心主导力量的管理者如何适应其发展需求,建设具有现代管理特点和意义的公共政策并使之全面有效地施行,成为当下公共管理领域中的重点、难点。

将问题聚焦在政府提升粮食生产活动中,上述问题同样存在。因而,保证粮食生产政策的延续性,对粮食政策得到稳定、持续、有效的执行具有积极的意义。这就要求政府在推进粮食生产的过程中所制定的政策要具备延续性,所制定的各类政策是一个科学、合理、有效的政策。在政策出台的时候,确保该政策的有效执行,并成为下一阶段政策的基础和依据。需要注意的是,政策的"延续"也并非简单、片面地连续和延伸,而应该是有机的,在结合实际基础上,经过有效完善后的更为科学合理的承继行为。

与可延续性相对立的是延续性不足。政策延续性不足重点体现在公共政策的决策与制定、本体质量、执行效能、延续作用等层面。齐河县正是认识到政策延续的重要性,始终注重粮食生产政策的延续。每年围绕推进粮食产量提升以及粮食安全这两个核心出台与之匹配的政策文件。如从 2009 年出台的《齐河县粮食高产创建实施方案》,到 2011 年《齐河县粮食高产创建整县整建制推

进实施方案》,再到 2014 年《齐河县"万亩吨半粮"实施方案》,到 2023 年《齐河县加快建设绿色优质高效农业强县实施方案》。这一系列文件的出台,不仅体现了齐河县针对政策"延续性"的高度重视,并能从中体现齐河县不断结合自身粮食生产基础,经过有效完善后,科学合理地推进发展。

(二)强化组织管理,成立县级专班

公共管理学强调,针对专项项目,首先应该重视组织内部领导干部的管理。管理学认为,领导干部的管理过程,是解决组织内部因个体力量无法有效地推动组织整体行为,从而推进组织目标的实现。这就需要领导干部进行行之有效的组织管理工作,通过调整组织内部各部门间的职能活动,合理分配、协调组织内外部资源,最终推动组织目标实现的活动过程。

因而,一个组织能否有效实现组织目标,关键一点就是组织内部领导干部的管理。齐河县在推动粮食生产这一过程中,强有力的组织管理保障是推进齐河县粮食生产项目的首要前提。在领导干部的组织管理上,齐河县的具体经验,表现为历任县委书记持续推动以及高度重视,成立关于粮食生产活动的各类县级专班。

实践证明,一个地方党政主要领导基本决定了当地发展的基本方向。但由于人与人之间的差异化,人们在对待事务的态度、认知、能力存在一定差异。当一个地方的党政主要领导干部发生变动,往往会造成政策延续性的不稳定。而缺乏稳定延续性的保证,在政策上容易出现因人而异的情况,造成如"朝令夕改"等不正常现象。

齐河县历任的党政主要领导始终坚持推进粮食生产的基本思

路不动摇,有效避免上述情况的发生。他们基于基本粮食生产的宏观发展脉络,结合当时的实际情况,不断推动齐河粮食生产向"高产、高质、绿色"发展。

此外,如果领导干部的管理做得不到位,往往也会造成其围绕该项目的政策研究、制定等机构协调合作性不强。其决策主系统与子系统也缺乏合理、有效的联系,最终造成项目无法得到有力推进。

齐河县的党政主要领导,成立了由县委、县政府主要负责同志为总指挥,县委、县政府分管负责同志为副总指挥,县各有关部门、单位和乡镇(街道)主要负责同志为成员的农业强县建设工作推进指挥部(专班组),负责以县级统筹指导、推进和协调农业大县建设工作,并能够及时在工作推进工程中研究、讨论、解决所遇到的重大问题。该领导小组办公室设在县主要牵头的单位内部,由该单位的主要领导任办公室主要负责人,协助配合单位的主要领导作为办公室的协助负责人。通过这样的方式,将不同的项目进行有效、合理的任务分工,从而有效地推动不同项目建设工作的统筹协调、督导考核工作。

(三)强化督导考核,细化各部门工作

现代决策理论认为,公共决策系统是信息、参谋、决断和监督等子系统分工合作、密切配合的有机系统。其中,为了有效地降低决策风险,提高决策的正确率、成功率,提高他们的决策水平,使政府决策更加合理或避免重大失误,就必须建立合理有效的监督子系统,将政府决策行为圈限到法制的内容中,以法律的形式规定各种决策主体的决策权力,建立多方位、多层次的合理决策

权力体系。

齐河县为保障关于粮食生产的各类活动能够顺利进行,通过强化督导考核,建立县、乡联动工作机制,组织相关部门不定期召开工作调度会,及时跟踪督办推进情况,部署相关工作,并明确各部门之间的责任分工,各部门根据有关活动的实施方案,分析细化各自部门的目标任务,推动工作高效开展。同时,齐河县还将重点工作、重点任务纳入县级督查体系中,对工作行动迟缓、进展缓慢的部门或责任人,及时下发督办函,督促限期整改;而对问题整改不力、连续被督办通报的,严肃追责问责;完善考核办法,将重点工作落实情况作为考核内容,强化结果运用,倒逼责任落实。

为进一步强化督导检查,成立的不同项目指挥部办公室围绕重点工作、完成时限等,定期对各责任单位工作推进情况进行督查,及时掌握各目标任务完成情况,以便最终保证关于粮食生产各项任务高效落实。

二、通过"管区书记"实现粮食生产网格化管理

(一)重塑基层治理结构

2006年,国家全面取消农业税,国家不再向地方社会进行资源提取,地方政府也不再需要自筹经费进行公共建设,国家与农民之间围绕税费征收而产生的紧密联结关系迅速消退,基层政府与乡村社会之间的关联发生了历史性的转折。然而,随着乡村振兴战略的实施,基层治理相较于征收农业税费时期发生了巨大的变化,基层治理的行政化程度加深,考核强度和治理压力增大。

一方面,乡镇一级的管理体系难以对接基层社会中多变性和

复杂性的治理需求,部分地区出现了乡镇政府与农村之间脱嵌的现象。而当基层治理与乡土村庄之间产生间隙,这往往造成了基层政府的治理方式出现"形式主义"。

另一方面,随着国家对"三农"问题的不断重视,基层治理的考核和压力也变得越来越大。基层任务不断加重,基层需要面对的是来自上级的社会治理领域的全面考核。正如基层政府人员常说的:"上级政府是线,乡镇政府是针,我们的工作就是千线穿在一根针上。"

可以说,如今基层政府面临上级监督考核的压力逐渐增大和乡镇政府拥有的治理资源不足的双重困境。

齐河县作为我国东部省份具有代表性的县域,面对推进粮食生产、保障粮食安全的工作任务,如何在面临极大治理压力且只拥有极少的治理资源的情况下推进关于粮食生产和粮食安全项目的具体落实管理?齐河县正是通过设置管区,利用管区书记来进行基层网格化管理。

(二)设置"管区书记"

管区是介于乡镇政府与村一级之间的地方自设机构,并不是中国行政科层管理体系中的正式组织。管区的设立主要目的是协助乡镇进行管理,作为乡镇政府推动农村工作具体落实的重要手段。

乡镇按照一定的范围,将一定数量的村庄(农村社区)划定为一个治理单位,这个单位就是一个管区,并设立管区领导和管区内部的管理层级。管区内一般会设置4个管理层级,即管区书记、管区主任、管区副主任、包村干部,各个层级任务分工和职权大小不同。一般情况下,管区书记是由乡镇领导班子成员(如乡镇副书记、组织委员等)兼任,在管区内管理本管区。管区主任则一般是由乡镇政府中群众工作能力突出、长期工作在本乡镇的事业编人员担任。而管区副主任由刚入职不久的年轻的一般科员来担任,这 3 个层级共同管理管区工作,并由管区书记统一领导、最终负责。各个管区之间的关系是平行关系,都听从乡镇党委、政府的统一领导。

乡镇政府把管区运作成为治理乡村事务的责任实体单位,成为乡镇政府推动乡镇建设、发展、治理的重要抓手,乡镇内部的条线部门工作绝大部分在管区内执行,部门工作人员变成了管区的辅助者和监督者。

需要重点说明的是,管区的设立没有改变乡镇原有的基本行政体制,仍是按照原有的条线部门和内设科室的设置。只是在治理架构上进行一定程度的调整,在镇与村之间增加了一个治理层级,协助乡镇使政策意图能够更好地传达到村,强化基层政府政策执行力。社会实践也同样证明,管区的设立,有效协助各项政策与任务的落地与宣传,成为乡镇有效的管理手段。

(三)网络化管理粮食生产

由于快速城市化的冲击,大量年轻人选择进城务工,农村地区的村干部普遍呈现老龄化和兼业化,他们对现有的很多工作都无法较好胜任。

因此,在传统的科层治理体系下,乡镇政府的工作人员在任务传达和工作推进过程中,并不能很好引导、协助、督促村干部推进本村的具体工作。另外,山东省作为人口大省,一个乡镇下普遍具有几十甚至上百个村,将每一个村干部集中起来往往难度较大。这就造成乡镇干部往往也无法将任务传达到每一个村干部。

可以说,乡村工作具有多面性、杂糅性,很多工作"牵一发而动全身",仅依靠单个条线部门去执行难以完成治理任务。

然而,通过管区的设置,大大改善了上述问题。在齐河县推进粮食增产过程中,乡镇政府通过管区,有效地将粮食生产的有关工作部署,如关于农资发放、农机使用等有关通知,病虫害防治信息等传达到每一个村子,提升了乡镇与村之间的沟通效率和乡镇工作落实的效率。

并且,得益于管区的设置,使"管区书记"能够有效地掌握所管辖村庄的情况,因村制宜,为不同情况的村庄提供适宜的配套扶持手段。例如,在齐河县良种推广过程中,乡镇政府在收到县政府的有关通知后,由各个管区干部为辖区的村干部讲解相关政策,汇总各个村庄对新品种种子的需求,乡镇再将信息统一汇总,上报给县政府。最后由县政府统一购买、统一发放,将良种配发到各个村子中去,提升粮食亩产。

三、以"四级书记"抓粮压实项目责任

(一)重视项目责任

目标管理责任制是源于目标管理理论,是由著名管理学专家彼得·德鲁克根据目标设置理论提出的目标激励方案,强调在确立组织的整体目标前提下,将责任划分清楚,通过合理、有效的分工协作,为组织各单元制定清晰、可操作的具体目标。注重组织参与者对组织目标的贡献效率和责任分担是该理论的重点内容。

自 20 世纪 80 年代中期以来,目标管理责任制被广泛应用于中国政府管理实践中,根据所研究的战略目标,将所确立的行政目标,逐次进行分解和细化,将有关责任目标划分至不同职能的部门,从而形成一整套目标和考核体系,并以此作为管理依据。通过这样的"责任"传达体系,进而形成以指标体系为中心,以责任体系为基础,以考核体系为动力,辐射形成目标管理网络,以期获得最佳行政效能的一套综合管理方法[1]。

可以说,目标管理责任制度既是一种绩效管理手段,也同样是一种政府治理工具。通过这样的方式,明确规定了决策者、参与者和实施者的义务和责任,全面展现影响地方政府的绩效工具运用效果的关键因素,进而分析优化地方政府绩效管理工具的可行路径。并且,从目标管理责任制出发,也同样便于探讨其在具体运行过程中对地方政府尤其是基层政府行为逻辑的形塑作用,是政府权力得以顺利延伸到基层、实现现代性政府的生产与再生产的重要制度化手段。

为解决种粮经济效益偏低且容易受到自然灾害频发影响等问题。2021 年,齐河县委、县政府出台有关文件,强调通过提高亩均单产的方式,增强粮田综合生产能力,开展"吨半粮"生产能力建设。从而落实党中央、国务院关于"藏粮于地、藏粮于技"战略的具体实践,提高县域粮食产能,应对粮食生产压力,发扬齐河县粮食生产优势,推动齐河县农业向绿色健康、现代高效发展。

齐河县在粮食生产、粮食安全方面取得优异成绩的背后,一个很重要的原因,就在于齐河县充分利用目标管理责任制,通过推动

---

① 李祖佩:《目标管理责任制的村庄运行机制研究——兼议国家权力的实现基础》,《中国农村观察》2019 年第 3 期。

"四级书记"抓粮,开创"四级"责任指挥田,层层压实各级"书记"的具体责任,干部带领群众,形成强大的合力。

(二)推动"四级书记"抓粮

"四级书记"抓粮是齐河县针对粮食高产目标,基于目标管理责任制度,创建的"县党委书记—乡镇党委书记—管区书记—村党支部书记"四个层级的书记抓粮食生产的责任工作机制。同时,这也是齐河县坚持党的全面领导、党政同责的一种外在体现,有效保证了粮食生产的有关项目能够落实到位、有效推进。

为了保证"四级书记"抓粮工作机制能够顺利进行,推动"吨半粮"项目的有效落地,齐河县委、县政府于2021年出台《中共齐河县委、齐河县人民政府关于开展"吨半粮"生产能力建设工作的意见》,明确要求各有关部门、各乡镇(街道),全面落实粮食安全党政同责,坚决扛稳粮食安全政治责任,推动"书记"抓粮机制落实、落细。

"四级书记"抓粮的具体工作机制大致如下:

首先,在县级层面成立由县委、县政府主要负责同志任组长,县委副书记、分管副县长任副组长,县直各有关部门的主要负责同志、各乡镇(街道)党委主要负责同志为成员的工作领导小组,全面统筹协调和安排部署创建工作。并且,领导小组下设办公室,由分管副县长兼任该办公室主任,主要牵头部门的主要负责同志兼任办公室副主任。其中,县、乡两级书记整体全面负总责,设立县委书记和县长、乡镇(街道)党委书记和镇长、管区书记、村党支部书记四级"吨半粮"指挥田。

其次,要求各乡镇(街道)建立相应工作推进机制,将"吨半粮"创建工作纳入重要议事日程中,列入"一把手"责任工作中,切实做好"吨半粮"创建组织领导、资金整合等工作。

最后,建立县乡领导、农技人员包田块制度,确保"吨半粮"创建区每块田有人管,家家户户有人进行技术指导。

此外,为了更好地推动"四级书记"抓粮的工作机制,推进"吨半粮"生产能力建设,齐河县还设置了相应的考核表彰奖励方法。

(三)开创四级责任指挥田

为了能够推动"四级书记"抓粮工作机制落实、落细,齐河县根据"四级书记"抓粮的工作机制,又于2022年出台《中共齐河县委办公室 齐河县人民政府办公室联合印发〈关于确定"吨半粮"创建四级指挥田的通知〉》,通知确定了齐河县"吨半粮"创建县、乡、管区、村四级责任指挥田。

四级责任指挥田按照"县—乡—管区—村"四级以及各层级部门的不同,分别划分为县级指挥田、乡镇(街道)级指挥田、管区级指挥田、村级指挥田(见表3-1)。其中,县级党政主要领导各分管1000亩;乡镇党政主要领导各分管100—1000亩,其余领导分管100—500亩不等;管区书记各分管100—200亩不等;村级党支部书记分管100—200亩不等。

表3-1 四级责任指挥田情况一览表

层级	责任领导	位置(村)	面积(亩)	种植品种	技术负责人
县级	县级领导	某某村	1000	济麦22	张三(采取化名代表,下同)
乡镇级	乡镇级领导	某某村	100—1000	济麦22	李四
管区级	管区领导	某某村	100—200	济麦22	赵五
村	村党支部书记	某某村	100—200	济麦22	马六

文件还明确要求各级领导干部要坚持深入"一线办公,带头冲刺一线"。其中,县级领导至少每两个月到村一次;乡镇(街道)党政班子成员和管区支部书记至少每周开展一次现场调研或专题研究其负责的指挥田建设和生产情况,协调解决出现的各种困难和问题;村党支部书记则需要盯紧盯牢指挥田,抓好各项关键生产环节技术,把指挥田抓成责任田。

为了能真正推进"六大工程"①、落实粮食生产具体环节"六统一"②,推进"六良"③落地,还为各层级责任人搭配一名农业技术负责人,由农业领域的专业技术人员协助各层级负责人,讲解粮食生产过程中不同环节可能面对的专业技术问题,以及提出可能需要改善的专业建议,从而充分发挥指挥田示范引领作用,聚焦关键领域集成科研攻关。

本节通过提炼齐河县在提升粮食产能、保障粮食安全过程中,齐河县级领导层所出台的有关行政内容,进一步揭示齐河县是如何围绕粮食生产专项工作打造出一套行之有效、权责清晰、稳定持续的县域集中统一的组织管理体系。

本节研究发现:首先,齐河县坚持党的领导,保障农业农村优先发展,通过认真解读党中央和上级有关政策文件,结合自身县域资源禀赋,找准自身发展方向,为县域集中统一管理体系注入了内核,明确了管理体系的核心内容。同时,也为申请各类配套资金、

---

① "六大工程"是指齐河县为粮食生产加快实施高标准农田提升、耕地地力提升、现代种业提升、增产技术模式集成推广、现代农机装备提升、科技服务网络提升六项专业工程项目。

② "六统一"是指齐河县统一供种、统一深耕、统一播种、统一配方施肥、统一病虫草害、防治统一管理模式六项专业配套技术。

③ "六良"是指优良的种子、优良的农田、优良的农业方法、优良的农技、优良的农机、优良的农网。

扶持资金奠定了基础。其次,齐河县通过成立县级专班,强化督导考核,保障粮食政策延续。齐河县通过做好头部管理,成立县级专班,明确各部门权责,在保障粮食生产政策的延续性基础上,还保障了组织管理体系可持续。再次,通过"管区书记",打造粮食生产项目网格化管理体系。齐河县通过利用"管区书记",在打造更加细化的组织管理体系的同时,完善了组织管理的内容。最后,开创四级责任指挥田,压实项目责任,推动"四级书记"抓粮。齐河县通过出台正式文件,落实了县域各级党政主要领导者的责任,从而实现县级组织管理体系能够合理有效指导粮食生产专项工作的开展。

第二节 贯穿粮食生产全链条的 部门分工协作机制

齐河县高度重视粮食生产工作推进过程中的组织实施环节,坚持全县上下"一盘棋",在推进粮食生产全链条过程中,要求各职能单位立足单位自身职能,明确相关具体工作的推进时间表、路线图,形成全县合力。

齐河县各职能单位,通过坚持"实干为要、行胜于言,工作实里抓,成效向目标奔"[1]的工作原则,通过制度化、规范化协同推进提升粮食产量,保障粮食安全的各项有关工作,确保各项工作开展科学高效、事半功倍。

---

[1] 齐河县政府文件:《齐河县 2020 年政府工作报告》(内部资料)。

此外,齐河县各职能部门在齐河县总体机制、制度下,认真发挥好本单位的工作职责,通过勤调查、勤研究,做到底数清、情况明、指向准。把有关工作、任务排定到天、细化到岗、落实到人,建立目标清单、措施清单、责任清单,通过"结硬寨、打硬仗",确保粮食生产等工作的顺利展开。

树牢"立即办好"的行为习惯,在谋发展上早一步、促落实上快一拍,全力以赴推动各项工作提速提效。并且,积极发挥宣传作用,加强各项政策、工作的宣传引导,实时跟进各项工作的新进展、新成果,营造全县种粮发展、保粮安全的良好氛围。

一、以"产前"管理打好粮食丰产基础

提升粮食生产的核心内容在于提高粮食的综合生产能力,因此针对粮食生产的核心要素,如耕地、水利等,要保障这些基本生产要素的稳定和提升。

齐河县为了推进粮食产量提升,不断加强县域内农业基础设施建设,以确保基本农田面积稳定、提升粮食生产科技、优化粮食种植结构、促进粮食种植规模化经营、增加农民收益为原则,发挥县农业农村局、水利局、财政局等有关责任单位作用,实现县域农田水利化、耕作机械化、轮作制度化、作物良种化、栽培规范化、管理科学化、系统现代化的农业生产管理体系,打造各种科技措施和农机措施综合运用的高标准、规范化的"吨半粮"现代高产农田。

此外,齐河县通过政策引导和市场机制的作用,吸引和激励个人与社会组织协同加入对齐河县农业基础设施的投入,并与调整农业经济结构相结合,开创农业基础设施建设的新思路。

为便于参照,齐河县各有关职能部门在提升粮食生产基础方

面所采取的工作措施,大致如下:

(一)高标准农田建设

自 2011 年起,齐河县累计整合各类资金 13 亿元以上,建成高标准农田 102.96 万亩、占比 80%,2023 年新建高标准农田 10.4 万亩,实现高标准农田全覆盖。在农业农村部指导下,建成全国最大的 80 万亩粮食绿色优质高产高效创建示范区,打造了高标准农田全国样板。

齐河县以县农业农村局为牵头单位,广泛推广、应用深耕深松、测土配方施肥、秸秆精细化还田等技术,"吨半粮"核心区土壤有机质含量提升 0.5 个百分点;首创"秸秆全量粉碎还田""种养结合化+生物多样化"技术模式,获得农业农村部发文推广。

齐河县严格落实耕地保护制度,建立 3445 人的田长队伍,联动监管、从严执法,齐河县以山东省第一名的成绩入选省级耕地保护激励县。

(二)水利建设

齐河县具备良好的以河补源、以井保丰条件。县域内有潘庄、李家岸、韩刘、豆腐窝共计 4 座引黄闸、17 条干渠,年引黄指标 9770 万立方米,浅层地下水可开采资源 3.5 亿立方米。

在自然资源优势的基础上,齐河县近年来不断加入农田水利财政投入。齐河县先后投资 15 亿元,以县水利局为主要负责单位,通过全县水利建设遵循"一张图"的原则,实施了"灌区节水提升改造""骨干河道治理""雨洪资源利用"等工程以及 9 个小型农田水利建设项目。经过水利建设,齐河县机电井保有量达到 1.6

万眼,终于建设形成了"旱能浇、涝能排"的现代化灌区建设模式,有力保障了农田灌溉与农业节水,最终达到了绿色高效、粮食稳产丰产的效果。

(三)打造"吨半粮"示范区

齐河县打造了 30 万亩粮食绿色高质高效"吨半粮"示范区,该示范区涉及焦庙、刘桥等 6 个乡镇、255 个行政村。2021 年,整合涉农资金 3 亿多元实施基础设施提升工程,每 50 亩一眼机井、每 200 亩一网格、每 5000 亩一支专家队伍、每 50000 亩一处综合服务站,实现"田成方、林成网、路相通、渠相连、旱能浇、涝能排、地力足、灾能减",成为全国集中连片面积最大的粮食绿色高质高效示范区。

示范区全面推行小麦"七配套"①、玉米"七融合"②,实现了绿色高质高效技术模式全覆盖,完成了增产、减肥、减药、控水,示范带动全县粮食均衡增产,成功入选国家现代农业产业园、全国绿色食品原料(小麦、玉米)标准化生产基地。

(四)农业机械化

近年来,齐河县以县农业农村局、农业机械化发展中心为主要负责单位,通过制定农机合作社升级计划和培训方案,对农机合作社进行帮扶提升,全县重点农机专业合作社和综合服务公司保持在 140 家以上。此外,根据现代种植业、设施农业产业需求,大力

---

① "七配套"是指供应良种、配方施肥、深耕深松、宽幅精播、浇越冬水、氮肥后移、"一喷三防"。

② "七融合"是指耐密品种、宽垄密植、单粒精播、配方施肥、"一防双减"、适期晚收、机械收获。

推进粮食生产全程机械化。积极推进农机农艺融合,将适应机械化作为农业生产活动的重要目标,促使良机与良种、良法、良田配套。

(五)植保

齐河县级植保站目前有 3 人从事植保业务,主要从事病虫害预测测报、植物检疫、农业技术推广、试验示范、农药监管等工作。各乡镇植保业务隶属于镇农业农村办公室或农业技术推广站,各乡镇(街道)从事植保业务人员一般为 3—5 人。通过智能化监测设备开展病虫害调查,结合历年病虫害发生资料、气象资料等及时发布《病虫情报》和病虫害防治技术意见。

齐河县农业农村局组织 90 名技术人员,成立 15 个工作服务队巡回在 15 个乡镇进行技术、政策指导。实施三级包保责任制,镇包管区、管区包村、村包农户,切实将病虫发生情况通知到位,防治技术、措施及优惠政策落实到位。

二、以"产中"管理抓好粮食生产关键环节

"三夏"①和"三秋"②生产是全年粮食生产过程中最核心的环节。齐河县高质量完成"三夏"和"三秋"农业生产流程中的各项任务,夺取粮食丰收,为全年农业丰产丰收打好基础。本节以齐河

---

① "三夏"一般是指夏收、夏种、夏管的统称。"三夏"是农业生产一年中的第一个大忙,从每年 5 月下旬开始,至 6 月中旬结束。此时,上年秋季播下的麦子成熟,需要抢时间收割,颗粒归仓。旧时以农历四月为孟夏、五月为仲夏、六月为季夏,此夏季的三个月,也合称为"三夏"。

② "三秋"一般是指秋收、秋耕、秋种的统称。"三秋"和"三夏"基本一致,都是农业生产中的关键时节。

县抓好"三夏"粮食生产(主要是小麦)为例,探讨齐河县在粮食生产的"产中"环节是如何保障粮食生产的。

习近平总书记提出:"中国人的饭碗任何时候都要牢牢端在自己手上。"①多年来,齐河县按照"稳定面积、主攻单产、提高总产、增加效益"的思路,以转变农业发展方式为主线,以开展"吨半粮"生产能力建设为抓手,统筹抓好夏收、夏种、夏管工作。齐河县出台"三夏"生产工作实施方案,抓好农机调配、提高夏收效率,确保小麦颗粒归仓,统筹抓好秸秆禁烧与综合利用等工作,确保"三夏"生产安全有序。

另外,齐河县认真发挥好农技服务团队作用,指导群众把好玉米播种关,抢茬早播,提高播种质量,为秋粮丰收打好基础;扎实推进产业结构调整,为实现粮食绿色高质高效生产打好基础;通过全面开展"吨半粮"生产能力建设,组织开展"粮王大赛"夏粮评比活动,着力提升粮食综合生产能力,全县小麦亩均单产和总产不断创新高。

(一)做好夏粮"产中"管理,力保核心环节

1. 利用工作服务队,抓好麦田后期管理

齐河县的夏粮种植以小麦为主,主要种植小麦品种为"济麦22""济麦44""良星77""泰麦198"等品种,分别占总种植面积的90%、2%、2%、2%。

自2008年开始,齐河县就启动了粮食高产创建工作,在全国率先发布小麦生产、社会化服务两个标准综合体县市规范,为

---

① 习近平:《正确认识和把握我国发展重大理论和实践问题》,《求是》2022年5月15日。

当地群众种植小麦推广统一优质品种、配方精准施肥、深耕深松灭茬、宽幅精播、浇越冬水、氮肥后移、一喷三防"七配套"集成技术,而这些技术的关键离不开齐河县打造了一支专业工作服务队。

齐河县由县农业农村局为主要负责部门,各乡镇(街道)配合,社会组织参与的方式,打造了一支县、乡镇(街道)两级农技人员组成的165人农技专家队伍,其中包含农业正高级职称、副高级职称专家数十名。按照"政策督导到位、技术指导到位、生产服务到位"原则,下到田间地头为群众讲解有关农业知识,确保每一片粮田都有技术专家和责任人,真正实现责任到人、技术到户、良种良法到地头。

比如,针对小麦进入灌浆中后期的关键节点,专家技术队深入田间地头,引导与指导农户,每隔7天左右,喷施磷酸二氢钾和萘乙酸等溶液1—2次;指导乡镇与村庄,具体实施一喷三防作业,增强小麦抗干热风能力,减轻干热风危害。

2. 组织"粮王大赛",调动农民种粮积极性

齐河县为调动全民种粮积极性,挖掘粮食增产潜力,引导社会参与,由齐河县农业农村局、县粮食局等单位组织,号召全县所有种粮农户、种粮大户及家庭农场、合作社、农业龙头企业等新型农业经营主体等参与比赛。

按照"乡镇(街道)推荐—专家团队实地验收—县级统一评比"的程序,组织开展齐河县的"粮王大赛"活动。具体流程为,由各乡镇(街道)开展自评,推荐上报本辖区"粮王"。随后,由县农业农村局组织农技专家对各乡镇(街道)推荐的参赛农户进行全程技术指导,包括粮食产量初测及复测、实打等工作。最终,评出

全县的小麦"粮王"。

为进一步提升群众认知度、参与度,齐河县还充分利用电视台、报纸、微信公众号及视频号等各类媒体,通过开辟专栏、悬挂标语及横幅等方式,对全县"粮王大赛""三夏"生产等工作进行大力宣传,营造浓厚的"三夏"生产氛围,争取社会各界广泛关注和支持,营造良好的舆论氛围和工作环境。

(二)抓好夏粮抢收,做好"收割、仓储"两文章

1.做好农机"收割"的文章

民间俗语常说:"可以晚点种,一定早点收。"大致意思是说,由于夏季天气的不稳定性,粮食的收割一定要"抢收",这样就可以避免小麦因下雨受潮,导致粮食大幅减产。

齐河县很早就实现了全县机械化收割,形成了一整套农机收割组织管理方案。首先,齐河县提前备足"三夏"需要用到的生产机械。齐河县通过前期全面深入的调研,掌握全县收获机械保有量情况,摸清机械大致需求缺口,从而有针对性地引导本地农机合作社发挥社会化服务组织作用。为防止发生机械数量不足的问题,提前做好"引机"准备工作,在高速路口等重要进出口设立外地跨区作业接待服务点,辅助作业机械能够及时下地。

其次,统筹引导机械合理流动。齐河县通过组建全县农机社会化服务组织微信群,积极引导新型农业经营主体、农机手等群体入群,及时发布关于粮食收割作业需求信息以及有关政策。加强县、镇两级信息沟通对接,引导机械有序流动,提高机具实际使用效率,做到"麦熟有机收、机到有活干"。

再次,围绕农机作业质量提升,齐河县通过技能培训,不断提高农机手操作技能,提升农机手们的标准化作业水平。组织农机三包维修服务站、农机维修供应网点、农机合作社技术服务等人员,组建农机维修应急服务队,深入田间地头开展巡回服务,及时对作业机械进行检修和调试,杜绝农机"带病"工作。

最后,针对夏季容易产生的极端天气,齐河县还制定完善全县农机应急作业预案。在县级层面,组建不少于15台小麦收割机的县级应急机收作业服务队;在各乡镇(街道)层面,配套建立不少于10台小麦收割机的镇级应急机收作业服务队,有效应对极端天气等突发情况对小麦机收带来的不利影响,将可能出现的突发事件影响减到最小、损失程度降到最低。

2. 做好"仓储"的文章

在完成小麦收割后,齐河县积极做好小麦"产后"烘干仓储,充分发挥全县16处粮食服务中心作用,并由齐源集团牵头,乡镇(街道)配合,采取"企业+合作社+农户"合作模式,协助小农户与种粮大户、农民专业合作社的对接合作,及时为全县农户和新型农业经营主体提供收购、烘干、仓储服务,从而推动全县农户规模存放、集中管理,实现粮食应收尽收、应烘尽烘、应储尽储。

齐河县还积极采用先进的"物联网+智能化"储粮技术,依托智能化粮库测控平台,对温度、湿度、虫害等进行实时预警,确保科学储粮、精准减损,助力农民增产增收,保障粮食安全。

另外,齐河县还严格推进秸秆禁烧工作,按照属地属事管理原则,加强对秸秆焚烧工作的监管。此外,大力推进秸秆综合利用,因地制宜推广秸秆"五料化"技术模式,农作物秸秆综合利用率稳定在97%以上。

（三）抓好秋粮播种质量，为绿色高质高效生产打基础

在"夏粮"收割仓储工作基本结束后，齐河县就开始为秋种玉米做好提前谋划，及早做好"夏播"各项准备工作，备足需要用到的良种、化肥、农药等农资以及播种机械。

齐河县严把玉米播种关，引导群众选择优质的玉米良种，对种子进行包衣或拌种。按照变化气候，指导农户采取最有利的播种时机，随收随种、抢收抢种。齐河县还大力推广合理密植、种肥同播、秸秆精量还田等优良农业技术，提高播种质量。

此外，齐河县还积极推广新型种植模式。比如，齐河县为落实大豆玉米带状复合种植任务，由乡镇（街道）及时将前期下发豆种分发到户，将种植任务分解细化落实到村、到户、到地块。根据全县种植主体、技术能力和机械装备水平，采用"4∶2①""4∶3""6∶4"等间作种植模式，提高种植水平和效率。并建设县级1处500亩以上的示范基地，每个乡镇（街道）建设2—5处200亩以上成方连片的示范区。落实大豆玉米带状复合种植机械购置补贴和种植补贴，引导种粮大户、合作社购置播种机械，加强播种机械信息调度，确保播种工作播早播好。

（四）抓好秋粮田间管理，保障粮食生长质量

齐河县为抓好秋粮的田间管理，采取县乡农技人员包保种植主体，开展"一对一"技术服务。发挥全县15支乡村振兴服务队和各乡镇（街道）农技人员作用，深入生产一线，帮助农户量身定

---

① "4∶2"：是指按照4行大豆，2行玉米的比例种植，下同。

制田间管理技术方案,督促落实各项关键技术措施,及时发动农户查苗补苗,促进幼苗生长,确保苗齐苗匀、苗全苗壮,为秋粮丰收打好基础。

并且,为保障粮食健康生长,齐河县加强针对粮食的病虫草害防治,做好农作物病虫草害防治的监督管理工作,严密监测如草地贪夜蛾、二点委夜蛾等重大病虫害动态,提早制定防治预案,充分做好农药、器械等防控物资和人员准备,打造区域联防联控、统防统治和群防群治的工作机制。

三、以"产后"管理实现"减损增产"

近年来,齐河县积极推进全链条节粮减损工作,倡树"减损就是增产,降耗就是增收"理念,针对粮食生产的各环节、各流程,进行全链条布局、全产业链推动,建立节粮减损工作机制,扎实推进"收、储、运、加、消"粮食全链条节粮减损,为粮食安全保障体系奠定坚实的基础。

具体做法包括,积极构建政府主导、行业引导和公众参与的工作格局;积极开展节粮减损技术、装备研发和推广应用;制定出台更有法律特色、更加符合齐河县本地实际的法规等。

2022年,齐河县启动实施全链条节粮减损"六大行动",对机收减损、试点县创建等工作进行全面部署,制定出台相关政策办法。拟计划于2023年年底,探索建立关于粮食减损调查评估切实可行的管理方法,争取全链条节粮减损行动实现全县各乡镇覆盖率100%。计划到2024年年底,在科技支撑、体系建设等方面取得标志性成果,争当全国节粮减损标杆,小麦、玉米收获环节损失率分别降至1%和4%以下。

（一）推动"收+储+运+加+消"全链条节粮减损

1. 实施"颗粒归仓"行动，强化农业收获环节节约减损

齐河县从源头出发，为减少田间地头的粮食收获损耗，通过由县农业农村局落实农机购置、报废补贴政策，推广适合本地的收获农机，从而提高粮食精准收获水平。此外，还将农机手培训纳入高素质农民培育工程，落实玉米、小麦等机收减损技术规范。

齐河县引导、改善现有粮食晾晒条件。针对群众"公路晒粮"这一问题，由齐河县委办、政府办牵头，通过科学合理规划建设一批村级晾晒场，号召机关、企事业单位、学校、村委会等开放空闲场地供农户晒粮。在技术层面，推广智能粮食立体晾晒风干仓和庭院立体储粮等晾晒储粮方式。加大对粮食收储企业的政策扶持和科技支撑力度，探索企业服务到田间地头"收干储一条龙"模式，做到粮食收获后直接到储粮企业，由企业干燥存储，实现粮食不落地，提高粮食收储工作效率和作业规模。

齐河县还积极强化粮食"产后"烘干能力。例如，通过发挥齐河县齐源集团在全县粮食产后服务项目建设和使用的示范引领作用，树立节粮减损标杆企业。此外，齐河县投资数亿元，建设粮食综合服务中心、烘干仓储设施16处，新增粮食储备规模19万吨，日烘干能力达到1.08万吨，在全国产粮大县中率先实现烘干仓储设施乡镇全覆盖。齐河县为了减轻烘干企业和农民群众费用支出经济压力，落实好烘干仓储用地按农业设施用地标准，用电按农业用电标准政策，并积极探索财政投入新模式。

2. 实施"微损存储"行动，加强粮食储存环节精准减损

齐河县创新科学储粮模式，积极推广科学示范仓等新型储粮装具,持续扩大集中收储规模。如开展代农储存活动,通过新建、改建等形式加快储备库建设,实现地方储备粮规模存放、集中管理。此外,齐河县积极推进绿色仓储设施建设,如通过加强与鲁粮集团的合作,引进使用防虫保鲜、安全储粮等关键技术,保障粮食存储安全。

3. 实施"低耗运输"行动,做好粮食运输环节降耗减损

齐河县为了在运输环节减少粮食损耗,以县交运局、发改局为牵头负责单位,不断完善粮食运输基础设施和装备,对运粮常走的道路进行提质,完善农村粮食运输交通网络。齐河县大力推进粮食运输服务体系建设,推广应用新型专用运输工具和配套装卸设备,发展原粮"四散"①运输,提高粮食出入库机械化作业程度,减少粮食运输装卸环节中的流通损耗。

4. 实施"粮尽其用"行动,推进粮食加工环节转化减损

首先,齐河县积极推动粮油产业集聚,通过培植一批龙头企业,打造节粮全产业链集聚区,推进落实粮油加工领域节粮减损。其次,延伸粮油产业链条,加强小麦、玉米、大豆等粮食加工副产物综合利用,推动粮油加工与检测技术创新。再次,引导粮油适度加工,提高副产品综合利用率。最后,加强饲料粮减量替代,积极推广猪、鸡饲料中玉米、豆粕减量替代技术,引导饲料企业建立多元化饲料配方结构。

5. 实施"文明餐桌"行动,加强粮食消费环节节约

齐河县为了从消费环节增强粮食节约,由县商务局牵头负责,指导行业协会制定绿色餐饮团体标准,发布餐饮行业节约公约活

---

① "四散"是指散装、散运、散卸、散存。

动。加强餐饮行业食品浪费监管,依法加强对餐饮企业食品生产经营者的监督管理。严格落实党政机关关于公务用餐管理,加强公务活动用餐节约。此外,针对校园也进行餐饮管理,将勤俭节约和健康饮食为主的"食育"教育融入德育课程,培养学生从小养成良好的饮食习惯。

6. 实施"节粮家风"行动,营造节粮减损浓厚氛围

齐河县为了让节粮减损的理念深入群众内心,通过县委宣传部牵头,有关责任单位配合,把节粮减损纳入村规民约中。开展"反对浪费、文明办事"移风易俗行动,配合主题日活动,开展深化公益宣传,精心制作播出节约粮食的公益广告。

(二)全力推进改革创新,为节粮减损提供良好环境

在机制体制上,齐河县先行先试,将全链条粮食节约减损要求纳入全县发展规划,在"吨半粮"创建区全面开展机收减损示范工程,在全县以乡镇(街道)为单位着力推进粮食精细收获,争创粮食收获减损上新水平。

在管理模式上,齐河县大力推进粮食"产后"服务体系建设。例如,通过以齐源集团产后服务项目为基础,推动农业服务中心与粮食"产后"服务中心的"五代"①服务有机结合机制,为农户提供"保姆式"服务,努力减少粮食"产后"损失,促进种粮农户增产增收。

在资金管理上,齐河县积极申请上级政策扶持资金,创新投融资方式。齐河县通过积极争取和用好"吨半粮"生产能力专项资

---

① "五代"是指代清理、代干燥、代储存、代加工、代销售。

金中列支节粮减损专项资金,支持粮食安全保障,用于仓储设施建设提升、科学储粮、产后服务补助等方面。

在科技创新上,齐河县积极探索节粮减损科技创新。如加强与全国高等院校、科研院所合作,促进节粮减损先进技术成果转化。支持粮油加工企业与高层次人才合作,建设人才平台载体,优先享受政府出台的各项扶持政策。

(三)为节粮减损提供强大组织保障

为了推进节粮减损的有效落实,不浮于"表面"上、"文件"上,齐河县不断强化组织领导。首先,成立关于节粮减损的县级专班,由县发改局、粮食安全保障中心、农业农村局等部门抽调专人负责专班办公室具体业务,形成全链条多部门的分工协同机制,推进各项具体工作落实。其次,以县委办、县纪委等部门为牵头部门,建立督办机制,对节粮减损工作任务进行评估问效,确保节粮减损工作任务落地见效。此外,以县委宣传部为牵头单位,借助网络、电视等媒体,开展全链条节粮减损的宣传报道,提高群众的知晓度与重视程度。

总体来看,齐河县能够做好"三夏"小麦种植全链条产业管理,除了离不开上文所提到的县级管理外,一个非常重要的原因,就是齐河县针对"三夏"生产的全链条,打造了一个各职能部门能够有效分工协同的管理体系。齐河县通过各级各部门出台明文要求,立足各部门具体职能,针对农业生产可能存在的情况、问题、隐患,将工作职责落实到每一个可能涉及的有关部门工作内容当中。例如,曾出台的正式文件中明确提到:农业农村部门要抽调技术人员,加强对夏收、夏种工作的技术指导,组织技术服务小分队,深入田间地头进行巡回指导,确保农民用上放心种子、化肥和农药;农机部门要抓好农业机械调度、农机手培训。水利部门要加强水旱灾害防御,做好"三夏"农业生产水利保障工作;气象部门要加强对阴雨、冰雹、大风、干热风等灾害天气的预测预报;交通、公路等部门,要加强道路交通安全宣传;公安、政法部门要加强社会治安管理工作,维护正常的生产秩序;供电部门要搞好电力调度,确保生产用电;农资部门要做好油料、化肥、农具等生产资料的供应服务工作,做到供应到村、到户、到地头,最大限度地方便农民;应急管理、供电、消防等部门要抓好电力调度,消除火灾事故隐患,全面做好冰雹、暴雨等特殊情况应对工作。

本节以粮食生产"产前""产中""产后"全过程为写作主线,通过粮食生产过程各环节各部门的具体措施以及有关做法,从而揭示齐河县各职能部门是如何实现协同分工的组织管理体系。

研究发现,基于县级统筹集中统一的管理组织体系基础之上,齐河县各职能部门围绕粮食生产全链条形成"真参与"的组织管理体系。首先,各职能部门积极做好粮食的"产前"管理,为粮食丰产打好基础。针对粮食生产基础的方方面面,如土地、水利、农资、农具、农技等,各部门针对自己所负责的内容,不断打牢粮食生产基础。其次,认真做好粮食的"产中"管理,针对粮食生产过程中的重要时间节点,如"三夏""三秋"等粮食生产环节,各职能部门协同分工服务好粮食生产链条各环节,保障了粮食生产和收割。最后,积极做好"产后"管理,以"减损"换"增产",算好粮食生产"改革"账。各部门分工明确,在保障粮食生产流程科学的基础之上,进一步确保了粮食生产整体环节的运行效率。

第三节　多元经营主体参与的
治理平台搭建

多元经营主体作为粮食生产组织管理体系中的重要一环,承担了完善组织管理体系内容的作用和意义。从齐河县粮食增产发展历程来看,离不开多元经营主体的参与,他们在产量提升、规模化种植、农业技术经验的推广、农业示范带动、常态化运营、促进粮食安全等方面起到了重要的作用。

截至 2022 年年底,齐河县各类新型农业经营主体、社会化服务组织 3100 余家,粮食综合托管率 91%,年社会化服务面积 900万亩次,亩均节本增效 300 元以上。其中,农民专业合作社 1466家,农业社会化服务组织 486 家,粮食种植合作社 568 家,家庭农场 126 家,党支部领办合作社 336 个。全县种粮大户达到 1019个,规模 500 亩以上的种粮大户 12 个、200—500 亩的种粮大户 52个、100—200 亩的种粮大户 208 个。

本节主要探讨齐河县围绕培育与壮大新型生产主体和培育与扶持多元服务主体两大社会主体,是如何打造多元经营主体深度参与的管理体系。

一、以政府力量培育与壮大新型生产主体

随着农村人口向城市转移,全国土地流转速度不断加快,伴随规模经营的发展,促进了如专业大户、家庭农场、农业生产专业合作社等新型生产主体的产生。

齐河县积极响应国家号召,推进粮食生产规模化、集约化,多举措培育与扶持多元新型主体,在县委、县政府"重农抓粮"的工作保障机制下,积极推动农村土地合理流转,积极培育种粮大户、家庭农场和农民专业合作社向组织化、规模化、标准化发展。制定出台了如《齐河县新型农民专业合作组织(粮食、植保、农机)的奖励扶持办法》《关于依托农机加快发展农民专业合作社的实施意见》《齐河县现代农业发展奖励扶持政策》《齐河县关于支持农民合作社发展的实施方案》等一系列文件。

(一)农民专业合作社(粮食生产合作社)

粮食生产合作社,是农民专业合作社的一种。粮食生产合作社是指在坚持家庭承包责任经营基础上,突出农民主体性,坚持社员拥有自主生产经营权的同时,社内实行统一耕种,统一供应农资、农具等,统一生产技术等自愿联合、民主管理的互助性经济组织。

相较小农户的单打独斗,粮食生产合作社能够充分利用政府的扶持政策,解决好发展粮食生产遇到的人才、资金、土地流转等问题;并通过整合各种生产要素和资源,推进规模化、集约化、现代化生产发展的要求,提高粮食产量和质量,推进农业现代科技的落地,提高粮食生产发展水平。

粮食生产合作社是适应当前粮食生产发展形势、转变粮食生产方式的重要主体之一。从全国层面来看,当下农村粮食种植合作社数量正在不断增加、规模不断扩大,已经成为带动农户进入市场的基本主体、发展农村集体经济的新型实体、创新农村社会管理的有效载体。

齐河县为发展粮食生产合作社做了多方面工作,首先,不断出台各项政策,扶持与推进粮食生产合作社的发展。如《关于依托农机加快发展农民专业合作社的实施意见》《中共齐河县委 齐河县人民政府关于印发〈齐河县现代农业发展奖励扶持政策〉的通知》《中共齐河县委办公室 齐河县人民政府办公室印发〈齐河县关于支持农民合作社发展的实施方案〉》等。其次,通过实施如"千村创办合作社"战略,推动村村建立以农机为依托的合作社,引导群众带农机入社、出资入社,开展"订单式""托管式"农业生产经营服务。

(二)粮食生产企业(粮食龙头生产企业)

粮食龙头企业作为粮食产业化经营的组织者、带动者、市场开拓者和对内可以联系小农户、农业组织,对外可以连接海外国际市场,具有开拓市场、深化加工、提供全程服务的综合功能。县域内一个好的粮食龙头企业,能带动一种或几种粮食产品的综合开发。

具体来看,粮食龙头企业通过基地建设、产品开发、市场拓展和农户连接,在农业产业化经营、农民增收、农业增效等方面起到了很好的促进作用,实现了企业发展和农业产业化经营互动。并且粮食龙头企业促进了粮食生产结构调整,能够根据市场多样化需求确定粮食的加工与营销,带动了订单粮食的发展,形成了各具特色的生产基地,使粮食生产结构的调整步伐明显加快,并使粮食品种向优质、高效发展。

此外,参与产业化经营的粮食龙头企业有效促进了农村产业结构调整,带动了农村加工业、营销业、运输业和服务业的发展,从而促使农村经济结构由单一的门类或产业向多门类、多产业发展,形成农村多门类产业共同发展的新格局,有力地促进了农村非农产业的发展壮大。

总的来说,粮食龙头企业的发展,有力地促进了农业科技水平的应用与提高,在品种改良、种养技术及耕作制度改革等方面起到了很好的促进和示范作用,提高了资源利用效率,促进了农业生产向高产、优质、高效、低耗发展,还促进了粮食生产利益分配机制逐步完善,提高了农民的收入。

齐河县积极聚合各类生产要素,扶持、发展、壮大本地粮食龙头企业。通过积极扩大粮食加工的增量,鼓励、动员支持社会各方力量投资兴办发展体制新、活力强的新型粮食加工龙头企业。把发展粮食加工龙头企业作为齐河县招商引资的重点工作之一,通过利用国内外的资金、技术、设备和管理优势,新建、改造和嫁接齐河县的粮食龙头企业。

另外,齐河县还利用"齐河县粮食高产创建"的契机,引导国有粮食企业,建立生产基地,促进农产品的加工转化,提高企业的竞争力,增强带动力。吸收农户、基地和其他粮食产业化经营链条中的单位入股,形成共同利益纽带,强化龙头企业的基础。

如齐河县积极鼓励有实力的龙头企业投资前移,开展订单生产,建立粮食生产基地,龙头企业直接参与粮食生产环节,密切产加销衔接。通过龙头企业的发展,密切"龙头企业+基地+农户""龙头企业+合作社+农户"等利益联结机制,实行标准化生产和订单收购,拉长农业产业链,实现了互惠共赢。

(三)种粮大户(家庭农场)

齐河县为了推进粮食生产规模化、集约化,出台多项政策、意见,重点培育从事专业化、集约化农业生产的种粮大户(家庭农场),使之成为引领适度规模经营、发展现代农业的有生力量。例如,针对种粮大户(家庭农场)积极实施产业能力提升工程,以提供补贴为杠杆,鼓励种粮大户(家庭农产)接受新技术培训;以田间学校等适合农户的培训形式,开展种养技术、经营管理、农业专业技术管理等方面的培训;不断建立健全服务于种粮大户(家庭农场)的社会化服务体系,实施科技服务农户行动,支持农户运用优良品种、先进技术、物质装备等发展智慧农业、设施农业、循环农业等现代农业。引导与鼓励农业科研人员、农业技术推广人员通过下乡指导、技术培训、定向帮扶等方式,向种粮大户(家庭农场)集成示范推广先进适用技术。

种粮大户(家庭农场)在示范和带动普通小农户升级和学习新型农业技术、农业设备、农业品种等方面也具有重要作用。并且,通过种粮大户(家庭农场)的社会化服务形成的辐射作用,如给周边农户提供农机服务等,也有效带动周边农户降低了农业生产成本,大大减少了每亩可减少农资投入成本和种植管理成本,提升了周边农户的粮食收入和生活满意度。

为了进一步完善齐河县粮食生产经营体系,助力种粮大户(家庭农场)发展,齐河县针对新型服务主体中的种植大户(家庭农场)提供了诸多有力政策和扶持手段。

例如,早在2016年,齐河县就出台了《齐河县关于现代农业发展奖励扶持政策的通知》,明确指出,鼓励农村土地经营权优先向家庭农场(种粮大户)流转,家庭农场(种粮大户)优先享受惠农政策,由县农业农村局负责考评。

并且,齐河县针对有长期稳定务农意愿的小农户,齐河县以财政鼓励与政策引导手段,帮助他们稳步扩大种植规模,从而培育一批规模适度、生产集约、管理先进、效益明显的种粮大户(家庭农场),并引导他们采用先进科技和生产力手段,带动周边小农户发展。通过如发放良技良艺良法应用补贴、支持种粮大户(家庭农场)优先承担涉农建设项目等方式,指导开展标准化生产,提升经营管理水平,促进农户家庭农场健康发展。

齐河县不断健全与完善种植大户(家庭农产)参与的农业农村社会化服务体系,引导齐河县种粮大户(家庭农产)向更加符合市场规范、市场标准发展。例如,2022 年,齐河县出台《关于创新完善农业社会化服务体系建设的实施意见的通知》,文件指出,"生产服务型家庭农场。1. 在县级农业农村部门备案,达到'六有'标准;2. 农场以提供'耕、种、管、收、加、烘、储、销'全程或'菜单式'农业生产托管服务为主要内容,达到以上 4 项条件的一次性奖补 15 万元。新评定为市级示范家庭农场的,奖励 1 万元;新评定为省级示范家庭农场的,奖励 2 万元;各级扶持政策优先向示范家庭农场倾斜。"

二、调动市场力量提供社会化服务

为积极响应国家健全农业社会化服务体系的号召,齐河县按照主体多元化、服务多样式、服务业态全面升级的方式,将公益性服务与经营性服务有机结合,构建以政府公益性农业服务机构为主,以专业服务公司、农资经营户、村办合作社等经营性实体广泛参与的新型社会化服务体系,通过开展菜单式、托管式、承包式等多种形式服务,满足了广大农户在降低粮食生产工作难度、促进粮食产量提升、保障粮食质量等不同层次、不同类型、不同流程的生产需要。

齐河县通过聚焦农业生产薄弱环节和服务小农户为重点,以农业生产托管服务为主体模式,按照引导、推动、扶持、壮大、提升的发展思路,发展多元化、多层次、多类型的专业化、社会化服务,促进小农户和现代农业有机衔接。在全县推广"产前农资良种统一采购、产中联耕联种统一植保、产后烘储加工销售"等农业社会化服务形式。培育新型服务主体,如支持有能力、有意愿的村党支部领办合作社;组建县、乡镇、村三级联合社;规范提升生产服务型合作社、农业服务公司。成立齐河县绿丰农业服务专业合作社联合社,成立齐河县农业社会化服务协会、农业生产托管服务联盟。探索建立农业社会化服务指导员、农业生产托管员队伍。建设"齐河农事服务"线上平台。

截至 2023 年 6 月,齐河县农业社会化服务组织体系渐趋完善,发展农业社会化服务组织 486 个,农机保有量达到 4 万台(套),为农民提供代耕、代播、代防、代灌、农技培训等"四代一培"综合服务。

(一)生产服务性农民合作社(党支部领办合作社)

随着我国农村剩余劳动力的持续转移,分散经营的农户在产中环节面临劳动力短缺和应用新技术的困难,对生产环节的社会化服务需求日益迫切。为顺应农业生产发展和农户家庭经营需要,近年来,以为农户提供产中服务为主的农机、植保、施肥等农民生产服务性合作社获得了快速发展。

得益于农民生产服务性合作社,其在促进了农户增产增收,提高了农业社会化服务水平,加快农村产业结构调整,提高粮食生产现代化水平和质量安全水平等方面都起到了重要的作用。

　　齐河县也高度重视培育和壮大生产服务性农民合作社,出台各项扶持政策、奖补手段,引导和促进合作社进一步发展成为具有"十有"①标准,能够提供以"耕、种、管、收、加、烘、储、销"全程或"菜单式"农业生产托管服务为主要内容的新型现代化生产服务性农民合作社。

　　为进一步解决生产服务性农民合作社存在的经营规模较小、服务功能单一,农户参与率低、发展不稳定,组织管理不规范、利益联结机制薄弱,受市场和要素的双重约束、自我成长能力较差,对接配套优惠政策不顺畅、面临具体落地困难等问题。齐河县重点整合本村小农户、土地,组织引领本村小农户接受农业社会化服务。

　　通过构建村党支部领办生产服务型合作社,齐河县逐渐打造了"党支部+企业+合作社+农户"的工作模式,使村党支部和党员干部站到经济发展第一线,更加凸显了党支部在带领群众对接市场、对接社会化服务中的重要性。并且,通过直接联系群众、服务群众,与群众走得更近,进一步加强了党对农村工作的有效领导。此外,党员干部在参与办社中得到了锻炼、个人威信得到了提高,使党组织的凝聚力和号召力进一步增强。在党支部的引领下,合作社不断发展壮大,农民收入也节节攀升,集体经济实力显著增强,村级工作运转有了可靠保障。

(二)农业服务公司

　　农业服务公司作为社会化服务体系主体的重要一员,能够较

---

　　① "十有"标准:有固定办公经营仓储场所、有健全组织机构、有规范章程制度、有良好运行机制、有统一生产标准、有规范财务管理、有合理盈余分配、有一定品牌影响力、有一定发展规模和较强服务带动能力、有完善工作档案。

好利用社会、市场资源,推动市场资本、人力资源流向农业、农村。农业服务公司能够较好地对接当地政府,保障政策落地执行。还可以依据企业科研能力,实现技术创新与推广,从而带动地方农民和合作社。

相较于其他如合作社、家庭农场等生产服务型主体,农业服务公司,尤其是龙头农业服务公司,它们具备经营规模大,抗自然、社会、经济风险能力强;科技含量较高,市场竞争力强;管理水平较高,品牌影响力大;产品融合度高,行业覆盖面广;联农带农紧,服务能力强等优点,对补齐经营性农业社会化服务短板有着重要的作用。

为进一步拓展农业社会化服务领域、增强农业社会化服务功能与质量、优化与创新服务模式,着力解决农业"六化"①问题,齐河县在项目扶持、土地流转、沟通管理等方面对培育和发展农业服务企业给予相应政策倾斜,推动齐河县农业农村现代化。安排专职人员对接这些企业,形成有效沟通,帮助和解决这些企业存在的如土地流转、社会化服务项目推广等问题和困难。健全完善齐河县农业生产托管服务组织名录库管理机制,动态监管、优胜劣汰,积极开展示范服务组织创建和认定工作。

---

① 六化:规模化、组织化、标准化、品牌化、智能化、产业化

第四章　行政推动的粮食生产
技术标准化进程

农业标准化是以农业实践经验为基础,以先进技术为依托,按照简化、统一、协调、优选的原则,对农业生产的全过程建立规范的工艺流程和衡量标准,将农业生产的产前、产中、产后全过程都纳入标准生产和标准管理的轨道,通过对农业生产过程各个环节标准体系的建立和实施以及对标准实施的有效监督,把先进的科学技术和成熟的生产经验转化为现实的生产力,从而取得经济、社会和生态的最佳效益,最终实现农业经济快速发展的目标。[①] 农业发展的实践经验表明,农业标准化是提升农产品质量安全水平、增强农产品市场竞争能力的重要保证,是提高经济效益、增加农民收入和实现农业现代化的基本前提。2023 年 8 月 15 日,农业农村部、国家标准化管理委员会、住房和城乡建设部联合印发《乡村振兴标准化行动方案》,强调到 2025 年,基本建立农业高质量发展标准体系,初步形成乡村建设标准体系,显著增强标准化示范作用,

---

① 李金才、张士功、邱建军等:《我国农业标准化现状及对策》,《农村经济》2007 年第 2 期。

明确了一系列重点任务,包括夯实保障粮食安全标准基础、优化农产品质量安全标准等,部署统筹实施乡村振兴标准化行动,充分发挥标准化在推动乡村振兴中的支撑作用。

本章展示了地方农业标准化工作中的政府作为及其作用机制。主要是以农业标准化作为政府重要政策工具的角度为切入点,探究县级政府如何利用标准化工具推动粮食高产,实现"吨半粮"产能建设。首先,从两大标准综合体的制定过程入手,阐释齐河县政府如何利用国家标准体系在农业领域深化的机遇,创造性地发挥作用,推出蕴含地方特色的齐河标准。其次,从政治示范、生产示范、社会化服务示范、技术示范等视角出发,多维度、全方位解读两大标准综合体制定对提升齐河粮食生产的作用机制。最后,探索在两大标准综合体制定的背景下,齐河县为了促使标准中的技术示范能够更好落地,为民所用,对农业技术推广工作做了哪些方面的创造性改进,又有怎样的成效。

第一节　两大粮食生产标准综合体县市规范的制定

农业标准化是农业强国建设中不可或缺的重要工程,《质量强国建设纲要》提出,培育以技术、标准、品牌、质量、服务等为核心的经济发展新优势,坚定不移推进质量强国建设。我国已进入加快农业强国建设的新时期[1],标准作为国家质量战略的重要部

---

[1]　宋洪远、江帆:《农业强国的内涵特征、重点任务和关键举措》,《农业经济问题》2023 年第 6 期。

分、农业现代化建设的重要依托[①]，对推进新时期我国农业高质量发展具有重要而长远的意义[②]。农业强国建设对农业标准化的内涵、模式、方法和路径等提出了新的要求。齐河县政府以本地情况为基础，积极承担政府在制定农业标准中应当起到的制度供给角色，整合多方资源，深入实地调查同时组织科学论证，促进了标准的制定与落地。

一、标准综合体制定的技术积累与地方需求

齐河县两大标准综合体县市规范规定了齐河县小麦、玉米质量安全生产和生产社会化服务综合标准化建设发展目标、建设内容、技术要求、综合服务和建后管护等方面的内容，对小麦、玉米生产的水质、大气、土壤、耕作、管理、科技、农药使用、肥料选择、社会化服务等规定了严格的科学标准，是齐河县农业标准化工作中政府作用发挥的重要表现。它对全国加快推进农业生产标准化、规模化、专业化、组织化具有重要的促进作用，让农业生产简单化、方便化、组织化、标准化、社会化。

（一）县域粮食产量连年增长为推进农业标准化提供现实基础

我国农业标准化工作在实践过程中仍面临着诸多问题，如农产品的标准覆盖面积小且适用性差、标准的内容之间有矛盾、标准

---

① 潘洋、杨嘉帆：《以科标互促为抓手，助力质量强国建设——新型研发机构贯彻落实〈质量强国建设纲要〉的思考与建议》，《标准科学》2023 年第 5 期。

② 刘慧岭、丁凡、林慧君等：《标准化助推战略性新兴产业攀上国际竞争制高点》，《中国标准化》2017 年第 7 期。

的协调性不好以及标准的指标设置科学性不够等一系列问题。[1]为克服这些阻碍，进一步规范县域范围内小麦、玉米质量安全生产和种植社会化服务综合标准化建设，推广县域内粮食高产经验，齐河县早在2015年就在全国率先开启了县级农业标准综合化研究，这是全国首次出台粮食标准综合体的县级规范。

在这一宏观背景下，齐河县得益于当地得天独厚的气候条件、水浇条件和耕地条件，充分发挥政府高度重视、群众齐心协力的优势，在粮食产量方面不断实现新的突破。2014年，全县粮食总产达13.66亿千克，占德州市总产量的1/6，实现粮食产量"十二连增"，成为连续8年总产过10亿千克的超级产粮大县。

齐河县地处山东省德州市最南端，紧邻黄河，总面积1411平方千米，耕地面积126万亩，常年粮食种植面积220万亩以上，素有"鲁北黄河粮仓"之称。从2008年开始，齐河县统筹规划，坚持整建制推进、大方田引领，一张规划蓝图抓到底，高标准建设，规范化推进。2008年，德州市在全国率先提出开展粮食高产创建活动，并在齐河县先行试点，在焦庙镇、赵官镇、刘桥乡建立了3个万亩示范片，整合农业基础建设项目，加大投入，集成配套增产技术集中打造。当年3个万亩方小麦、玉米夏秋两季单产达到1230千克，高于全县平均111千克，试点效果显著。

2009—2010年，县财政筹资5000多万元，集中打造了5万亩高产创建核心区"大方田"建设田间网格化、道路林网化、排灌设施化、管理精细化，"沟、路、渠、桥、涵、闸"相配套，实现了"田成方、林成网、渠相通、路相连、旱能浇、涝能排"，成为全国标准最

---

① 李岩:《我国农业标准化发展与调整方向的探讨》,《农业现代化研究》2005年第2期。

高、规模最大的高产创建示范方。

2010年,经当时的山东省农业厅组织测产,5万亩核心区全年平均单产1344千克,首次创造了全国大面积高产纪录,高产创建试点取得极大成功。2011年4月18日,时任国务院副总理回良玉专程来齐河县视察粮食高产创建工作,并给予高度评价。2012年,在5万亩核心区的基础上,齐河县又投资了1.3亿元,实施了"西延"工程,打破乡镇地域界限,建成10万亩高产创建核心区。2013年,投资2.2亿元,实施了核心区"东扩、北跨"工程,在焦庙、祝阿等乡镇选取5个点,每个点规划1000亩高标准农田,采取高产栽培技术,示范推广粮食增产模式,在全国率先实现千亩"吨半粮"目标。2014年,建成了20万亩粮食高产创建核心区,成为全省乃至全国面积最大、标准最高的粮食高产创建核心区。涉及焦庙、刘桥、祝阿、华店、晏城、潘店6个乡镇122个村庄,总面积由最初的3万亩扩大到20.98万亩。2014年,核心区小麦、玉米和全年平均亩产刷新三项全国最大面积高产纪录:小麦715.97千克、玉米786.30千克,两季平均亩产1502.3千克,在全国率先实现20万亩"吨半粮",再次刷新全国大面积粮食高产新纪录。

连年的粮食丰产彰显了齐河县的粮食生产能力,也为齐河农业标准化工作的开展奠定了现实基础,有利于当地粮食生产形成规模效应,提高产量的同时降低亩均成本,产生良好的经济效益。[①]

(二)农业社会化服务蓬勃发展蕴含农业标准化的特定需求

党的十九届五中全会提出,健全农业专业化社会化服务体系,

---

① 耿宁、李秉龙:《标准化农户规模效应分析——来自山西省怀仁县肉羊养殖户的经验证据》,《农业技术经济》2016年第3期。

发展多种形式适度规模经营,实现小农户和现代农业有机衔接。①
建设覆盖全程、综合配套、便捷高效的社会化服务体系,让农业生
产简单化、方便化、标准化、社会化,为农民、农业提供全方位服务,
是提高农业组织化程度、土地规模化水平、解决小生产与大市场矛
盾的重要手段,是稳定和完善农村基本经营制度、维护农民合法权
益的重要保障,是确保国家粮食安全、实现农业农村现代化的必然
要求。

2013年,中央农村工作会议将加强农业社会化服务放到了突
出位置,要求加快构建以农户家庭经营为基础、合作与联合为纽
带、社会化服务为支撑的立体式复合型现代农业经营体系。② 同
年起,中央财政专门安排资金支持农业生产社会化服务,通过先服
务后补助等方式,支持农村集体经济组织、农民专业合作社、农业
服务专业户和服务类企业面向小农户开展社会化服务,重点支持
小农户在粮棉油糖等重要农产品规模化生产中的关键和薄弱环
节,推动实现农业社会化服务对现代农业发展的有效支撑。

在土地适度规模流转和粮食生产集约经营的新形势下,齐河
县按照主体多元化、服务多样化的方式,将公益性服务与经营性服
务有机结合,构建以政府公益性农业服务机构为支撑,以专业服务
公司、农民合作社、农民协会、农资经营户等经营性实体广泛参与
的新型社会化服务体系,在产前、产中、产后等农产品生产经营全
过程,通过开展菜单式、托管式、承包式等多种形式服务,不仅满足

---

① 中国政府网:《农业农村部关于加快发展农业社会化服务的指导意见》,农业农村部,
见 https://www.gov.cn/zhengce/zhengceku/2021-07/16/content_5625383.htm。
② 姜长云:《解决"谁来种地"问题需要立体思维》,人民网,http://theory.people.com.
cn/n/2014/0117/c83865-24152575.html。

了广大农户的不同层次、不同类型的生产需要,实现了土地规模化经营和集约化生产,而且解决了一家一户办不了、办不好、办起来不划算的问题。截至 2015 年,全县各类经营性服务组织 168 家,形成由 500 多个农机大户、147 个农机专业合作社、1 个农机股份合作社、1 个专业服务公司组成的农机社会化服务体系,农机保有量 5.2 万台套、总动力 230 万千瓦,年作业服务面积 720 万亩,其中订单作业服务面积占 27%,粮食生产基本实现全程机械化,全县农作物耕、种、收综合机械化水平达到 97% 以上。

齐河县农业社会化服务的蓬勃发展一方面印证着当地农业生产力水平达到了一定的高度,另一方面也蕴含着农业标准化的特定需求。农业标准化的实现需要较高的农业生产机械化程度,农业社会化服务一定程度上表现为资本或技术对小农户劳动的替代①,这既有利于降低与单一主体沟通的交易成本,也有利于技术层面的落地。

二、县级政府制定标准的政策机遇与多方联动

齐河县作为全国第一个出台粮食标准综合体县级规范的县,政府是利用了怎样的契机推动当地农业标准化工作的开展呢? 通过与当地农业农村局工作人员的深入访谈,我们了解到,两大标准综合体县市规范缘起于 2013 年原农业部经济体制与经营管理司到齐河县开展党的群众路线教育实践活动,原农业部农村经济体制与经营管理司有关专家和中青年干部三下齐河县,调研考察、讲课宣传、总结提炼。在深入了解齐河县的粮食生产情况和社会化

---

① 陈义媛:《小农户的现代化:农业社会化服务的组织化供给机制探讨》,《南京农业大学学报(社会科学版)》2023 年第 5 期。

服务基础之后,认为应从系统化角度考虑社会化服务体系,提出制定农业标准综合体以更好推动当地农业生产和社会化服务的建议。在这一契机下,齐河县委、县政府领导高度重视两大标准综合体的制定工作,从上至下,层层压实,切实推动标准综合体制定工作的开展,自此,齐河县农业标准化工作拉开序幕。

(一)国家推进农业标准化为地方标准化带来创新机遇

标准化是指在一定范围内获得最佳秩序,对实际的潜在的问题制定共同的和重复的规则的活动。农业标准化是以农业为对象的标准化活动,即运用"统一、简化、协调、选优"原则,通过制定和实施标准,把农业产前、产中、产后各个环节纳入标准生产和标准管理的轨道。

农业标准化是农业现代化建设的一项重要内容,是"科技兴农"的载体和基础。它通过把先进的科学技术和成熟的经验组装成农业标准,推广应用到农业生产和经营活动中,把科技成果转化为现实的生产力,从而取得经济、社会和生态的最佳效益,达到高产、优质、高效的目的。它集先进的技术、经济、管理于一体,使农业发展科学化、系统化,是实现新阶段农业和农村经济结构战略性调整的一项十分重要的基础性工作。①

《农业标准化生产实施方案(2022—2025年)》指出,标准化是现代农业发展的重要内容,是保障农产品质量安全、增加绿色优质农产品供给的有效途径,明确提出该阶段的重点任务是构建以产品为主线的全产业链标准体系、集成与各地生产模式相配套的标

---

① 中国农业科学院农业质量标准与检测技术研究所:《农业标准化概述》,见 https://iqstap.caas.cn/xwdt/zjjt/106613.htm。

准综合体等,其中,支持各地以地方、团体或企业标准等适当形式发布标准综合体。所谓综合标准化,是指为达到确定的目标,运用系统分析方法,建立标准综合体并贯彻实施的标准化活动;标准综合体是标准化对象综合及其相关要素按其内在联系或功能要求形成的相关指标协调优化、相互配合的成套标准。

总之,农业标准化的前提是具有相对成熟的农业生产条件。齐河县粮食的连年增产和社会化服务的蓬勃发展为当地农业标准化工作的开展奠定了坚实的基础。早在 2013 年,当地就率先开始了对农业标准化工作的探索,从玉米、小麦两大主粮的生产环节入手,探索制定了小麦、玉米质量安全生产标准综合体县市规范和生产社会化服务标准综合体县市规范,试图规范当地小麦、玉米的质量安全生产以及社会化服务综合标准化建设,为山东省齐河县乃至周边县市的粮食生产和社会化服务起到规范引领作用。

(二)政府、学界和主管部门的联合起草

为保证两大标准综合体县市规范编制内容的科学性、有效性与严谨性,提高标准技术水平,确保标准切实有效地符合齐河县粮食生产和社会化服务的实际发展需要,齐河县参照国家标准制定的工作程序,将此次标准综合体制定工作分为标准起草阶段、标准审查阶段、正式发布阶段等环节。[①] 但与一般性的标准制定的专业化流程不同,这一过程中地方政府充分发挥了其动员各方力量、整合各类资源、创设新的工作平台和协同推进实施的作用。

---

① 由于两大标准综合体县市规范并非《中华人民共和国标准化法》中所包含的国家标准、行业标准、地方标准和团体标准、企业标准之一的传统标准,而是县市级的建议规范,因而不需要进行标准立项。

粮食标准综合体县市规范具有公共品属性,在使用方面没有竞争性也没有排他性,理应由政府来提供和维护。但政府部门受制于自身职能属性,可能难以凭借自身力量制定出专业性强且符合实际需求的农业标准。两大标准综合体县市规范明确了综合标准化的适用范围,即政府主管部门和公益性服务部门对山东省齐河县小麦、玉米种植社会化服务建设规划、初步设计、实施方案等文件编制,以及建设、评估和验收的工作指导和日常管理,适用于有资质的社会化服务主体和新型规模经营主体。

由于有了国家级研究机构和相关中央部门的加入,两大标准综合体县市规范均按照 GB/T1.1—2009《标准化工作导则》和《农业综合标准化工作指南》的相关规则编制,同时参照一系列国家标准和行业标准,如 GB1351 小麦标准、GB1353 玉米标准、NY/T2148 高标准农田建设标准、NY/T1782 农田土壤墒情监测技术规范等,整个起草阶段持续了约一年半时间。

(三)政府、学界、主管部门的联合审查与发布

2015 年 1 月 17 日,受齐河县委、县政府委托,由农业农村部(原农业部)、国家标准委、中国农业科学院、中国社会科学院、山东省农业厅、德州市政府等部门专家组成的评审组,在北京对山东省齐河县人民政府与中国社会科学院城市发展研究会合作研究制定的《小麦、玉米生产社会化服务标准综合体县市规范》和《小麦、玉米质量安全生产标准综合体县市规范》进行了研讨论证,提出评审意见如下:

该标准综合体规范以相关国家、行业、地方标准为依据,规定了齐河县小麦、玉米生产社会化服务综合标准化建设术语、区域划

分、发展目标、建设内容、技术要求、综合服务和建后管护等方面的内容,规定了严格的科学标准,设计合理,内容翔实,具有超前性、创新性和可操作性,适用于小麦、玉米规模生产建设规划、初步设计、实施方案等文件编制,以及主管部门指导建设、评估和验收。

该标准综合体规范涵盖了小麦、玉米大面积优质高产创建的各主要环节,为进一步规范农业社会化服务,提高农田综合生产能力,培育发展新型生产主体和多元服务主体,促进政府购买公益性服务奠定了坚实的基础,符合国家标准委将综合标准化作为推进标准化工作改革创新和重中之重的要求,符合农业部夯实国家粮食安全根基、推进现代农业建设的要求,成为中国绿色食品发展中心核准的全国最大绿色食品原料(小麦、玉米)标准化生产基地的重要支撑,在全国尚属首创,因而意义重大,值得各地粮食主产区和其他作物品种制定标准综合体研究、借鉴。建议将该标准综合体规范进一步完善后,按程序审批核准后发布实施。在上述审查阶段,齐河县委、县政府积极组织,给标准发布和实施以强有力的支撑。

三、标准综合体的落地实施与建后管理

两大标准综合体县市规范经由专家组评审通过后,齐河县在北京召开了"齐河模式打造华夏第一麦"评审发布会,人民网、新华网、《农民日报》《经济日报》等多家新闻媒体记者参加会议并做了重点宣传报道,这标志着齐河县在全国率先制定了小麦、玉米质量安全生产和社会化服务标准综合体县市规范。为发布这一标准,齐河县不仅在北京开了发布会,而且由中央级权威媒体做了发布,进一步为标准增加了公信力。至此,两大标准综合体县市规范

终于落地齐河县,标志着齐河县农业标准化迈入了新发展阶段,如何有效保障标准的实施与监管成了新的工作重点。

(一)对标准综合体实施的支持和监管

推进粮食质量安全生产和农业社会化服务综合标准化,是以公共服务机构为依托、多元专业服务组织为主体,为农业生产提供产前、产中、产后全过程综合配套服务,是农业生产管理体制和经济运行机制的一项创新性工作。齐河县充分调动各乡镇和县直有关部门,动员社会力量积极参与,从以下几个方面对生产社会化服务标准综合体进行监管督导和支持保障。

首先,加强组织领导。成立以县长为组长、分管县长为副组长,县农业农村局、水务局、质监局、财政局、金融办、审计局、供电公司、供销社等主管部门主要领导以及乡镇和县直有关部门分管领导为成员的农业生产社会化服务综合标准化工作领导小组,办公室设在县农业农村局,统筹协调项目实施。

其次,健全管理制度。按章办事,规范操作,确保购买服务资金使用公开透明,公平公正,安全高效。完善服务组织章程,建立健全各项管理制度;实行民主决策、民主管理和民主监督;落实服务管理人员,明确分工、各负其责;制定生产技术规程和操作准则,加强人员培训,提高服务质量。

再次,创新服务方式。农民专业服务组织、专业服务公司等服务主体要与群众签订全程化服务协议,提供从种到收全程服务。按照县农业农村局发布的服务指导价格收取服务费用,尽可能地让利于民,增强号召力和服务带动能力。

最后,加强质量监管。制定农业社会化服务综合标准化绩效考核办法,按照考核办法和合同规定的内容,对服务质量实行跟踪问效和后续监管。根据服务的关键环节,逐项进行登记造册,服务对象签字认可、乡镇审核、县级复核。在作物收获前,组织专家进行抽样测产验收。把服务组织的服务质量、服务对象的认可度、平时检查和现场验收考核成绩,作为选择下一年度政府购买服务的重要条件之一,对成绩突出的服务主体进行表彰奖励,充分调动社会各方面力量参与实施农业社会化服务综合标准化工作的积极性。

质量安全生产标准综合体县市规范则从质量安全化角度明确了标准综合体需落实的监管督导,具体包含三个方面工作:

(1)按照科学合理、便于监督、集中力量、方便群众的原则,科学设置农产品质量安全监管机构,形成县、乡、村的三级监管体系。成立县级农产品质量安全监管办公室,组建县级农产品质量安全检测中心;配备齐全检测人员、仪器设备,具备较强检测能力,县财政保障日常检测经费。全县 15 个乡镇(街道)设立农产品质量监管站。县、乡农产品监管机构要有固定的办公场所,配备齐全办公设施、交通工具等,实现农产品质量监管工作有场所、服务有手段、下乡有工具。全县每个行政村设立一名村级监管员,对村农产品质量安全监督员进行适当补贴,促进其工作开展。

(2)小麦质量安全监测评估。每年 5 月、6 月、7 月,分 3 次开展评估工作。重点对小麦田间生长期(灌浆期)和收获、储藏环节进行专项评估。根据小麦种植的品种和农民施药习惯的不同,1 万亩以上的小麦品种抽样 20 个,1 万亩以下的抽样 5—10 个。根据小麦产品存在的突出风险隐患,锁定的主要危害因子为生物毒素(呕吐毒素 DON、3—乙酰基脱氧雪腐镰刀菌烯醇 3A—DON、15—乙酰基脱氧雪腐镰刀菌烯醇 15A—DON、玉米赤霉烯酮 ZEN、雪腐镰刀菌烯醇 NIV、伏马毒素 FB1)、重金属(镉、铬、镍)、农药残留(多菌灵)。

（3）玉米质量安全监测评估。每年9月上旬、9月下旬、10月下旬，分3次开展评估工作。重点在玉米产品田间种植、收获、储藏等环节取样验证。根据玉米种植的品种和农民施药习惯的不同，5万亩以上的玉米品种抽样20个，5万亩以下的抽样5—10个。依据玉米产品存在的突出风险隐患，在往年行业普查、风险专项监测结果的基础上，锁定生物毒素(呕吐毒素，玉米赤霉烯酮，黄曲霉毒素 B1、B2、G1、G2，伏马毒素 FB1、FB2、FB3)和农药残留(吡虫啉、啶虫脒、克百威、辛硫磷、氯氟氰菊酯、杀螟丹)等危害因子。

（二）标准综合体建后管理

标准综合体县市规范的制定只是齐河县农业标准化工作的第一步，保证其真正地落地并发挥作用，才是两大标准综合体制定的核心要义。政策的导向力、稳定性和持续性对标准的落地而言具有重要意义。为进一步完善两大标准综合体县市规范，保障标准综合体的顺利推行，齐河县委、县政府分别从体系(工程)管护和档案管理两大方面确立了建后管理办法。

一方面，明确责任主体，建立政府主导、农村集体经济组织管理和社会化服务组织、农户、专业管护人员实施的管护体系。按照"谁实施、谁受益、谁管护"的原则，明确管护主体、管护责任和管护义务，办理移交手续，签订后期管护合同。具体而言，引导项目村农民成立市场化运作的农民用水户协会，让农民用水户协会自始至终参与项目规划、建设和运行管护，成为建设工程的主体。电气设备方面，用户应定期进行电气设备和保护装置的检查、检修和试验,消除设备隐患,预防电气设备事故和误操作。用户电气设备危及人身和运行安全时,应立即检修。用电主体用电前应与供电企业签订《供用电合同》及相应附件,明确供用电设施的产权归属及维护人。同时,为最大限度预防与减少因用电户内部电气绝缘损坏发生的人身触电、电气火灾等事故,巩固全社会用电安全的稳定局面,用电主体应装设剩余电流动作保护器。因用电主体不安装或使用已损坏的剩余电流动作保护器;超期、退出或强行投运剩余电流动作保护器等危及用电安全的,由此造成的后果由用电主体承担。

另一方面,规范档案管理,采用信息化手段,对小麦、玉米种植社会化服务和质量生产安全综合标准化粮田建设和利用的全过程进行管理,按照统一要求,逐一进行编号,遥感定位,设立标牌,建档立卡,实现集中统一、全程全面,动态管理。具体而言,利用小麦、玉米种植社会化服务和质量安全生产综合标准化粮田信息管理平台,开展定期逐级报备,实现粮田百千万方、基础设施、建设进度、技术人员、技术措施、管理服务机构等相关信息"上图入库"管理和信息共享。最后,及时将记载小麦、玉米种植社会化服务与质量安全生产综合标准化粮田建设过程的有关管理、技术等文件,以及具有保存价值的各种载体资料进行立卷归档,确保材料真实、准确、完整。

第二节　粮食生产标准制定的三重示范作用

农业标准化能够促进农业资源的合理利用和农业生产要素的

优化组合,促进农业生产方式的转变和产业内部结构调整,促进传统农业向现代农业的发展转变。已有研究表明,农业标准化对中国农业经济增长的贡献率达到30%左右。[1] 齐河县《小麦、玉米质量安全生产标准综合体县市规范》和《小麦、玉米社会化服务标准综合体县市规范》作为我国首个粮食生产地方性综合标准,对齐河县乃至整个德州市的粮食生产和社会化服务具有重要意义。同时,两大标准综合体县市规范也为社会化服务主体探索制定企业标准提供了参考依据,是对农业市场主体开展标准化工作的有力引导。本节旨在讲述两大标准综合体县市规范在哪些方面产生了示范性的作用,又有哪些具体的实践成效。

一、技术层面对推进粮食生产标准化的示范作用

"洪范八政,食为政首",农业生产和农产品质量安全关乎国计民生,关系到每一个老百姓"舌尖上的安全"。随着人民物质生活水平的日益提高,大家越来越关注农产品安全问题。然而近年来,食品安全问题频发,部分生产者无视国家法律法规,继续生产和使用明令禁止的剧毒、高残留农药和化肥。有学者认为,解决这些问题的根本措施就是通过推行农业标准化,不断提升农民科学用药、用肥和规范生产管理的自觉性,促进经济、社会、生态的协调发展。[2]

山东省齐河县出台了小麦、玉米质量安全生产标准综合体县市规范,对齐河县小麦、玉米这两大主粮的质量安全生产起到了相

---

① 马兴栋、霍学喜:《苹果标准化生产、规制效果及改进建议——基于山东、陕西、甘肃3省11县960个苹果种植户的调查分析》,《农业经济问题》2019年第3期。
② 中国农业科学院农业质量标准与检测技术研究所:《农业标准化概述》,见 https://iqstap.caas.cn/xwdt/zjjt/106613.htm。

应的示范作用,尤其对新型规模经营主体的粮食安全生产具有一定的指导作用。聚焦于质量安全生产标准综合体县市规范的核心内容,可以看到有很大篇幅在论述齐河县小麦、玉米质量安全生产综合标准化建设区的建设内容与技术要求,包括一般要求、土地平整、质量提升、灌排设施、输配用电、田间道路和防护林网七个方面,涵盖了小麦、玉米大面积优质高产创建的主要环节。在七个方面下,质量安全生产标准又给出了翔实且可操作性强的种植指南。

以质量提升模块中的土壤培肥提升地力为例,标准综合体县市规范明确提出耕作层土壤有机质含量应在 15 克/千克以上,酸碱度 pH 值为 6.5—8.0。土壤有机质提升技术主要包括秸秆还田、增施有机肥和绿肥翻压还田等。每年作物秸秆还田量不小于400 千克/亩(干重)。有机肥包括农家肥和商品有机肥,农家肥按1500—2000 千克/亩标准施用,商品有机肥按 200—300 千克/亩标准施用。同时,强调施用的有机肥料应符合 NY525《有机肥料标准》规定,从标准化角度强化了粮食主体的粮食安全意识。

农户作为农产品生产主体,是实现农业标准化目标的基础。只有从源头入手,提高农业标准化水平,进而通过农业标准体系的构建让市场经济下的参与主体在规范约束下进行生产和交易,才能让农业标准化为农产品质量安全生产保驾护航。

技术进步是农业发展的源泉,标准是先进适用技术的载体,是技术进步的基础。标准化是技术、管理和经营能力的综合集成[1],具有鲜明的技术属性。从技术层面来看,标准是对活动及其结果

---

① 宋明顺等:《从农技推广到知识传播:农业标准化作用的新视角》,《农业经济问题》2014 年第 1 期。

规定共同和重复使用的规则、指导原则的特性文件①。现代农业标准化是将现代农业知识转化为现代农业能力的桥梁和纽带，具有传播知识和技术的功能。

齐河县两大标准综合体县市规范最本质的特征其实是农业质量安全生产和社会化服务的技术标准化，是符合当地实际情况的先进生产技术和社会化服务技术的集成。地方政府通过营造一个强大的、公开的和组织完善的技术集成平台，依托该平台提升其他投入要素，如劳动力、资本等的生产率，促进经济增长。

从技术示范的角度来看，两大标准综合体不仅从具体的质量安全生产技术和社会化服务技术为综合标准化建设区提供了明晰的技术指导，也为县域范围内的粮食生产和社会化服务提供了技术标杆和样板。质量安全生产标准综合体县市规范出台后，全国种粮大户、齐河县大黄乡石碑杨村农民王某表示："有了小麦、玉米质量安全生产标准，我们从施肥、耕作到机收都有了规范。"②从某种程度上来说，地方政府借助两大标准综合体县市规范，推动了当地农业技术推广进程，同时，农业标准依托地方的农业技术推广工作的开展得以落地，先进农业技术得以扩散。

二、治理层面对地方政府发展粮食产业途径的示范作用

黄河流域是我国重要的粮食生产基地，提供了全国约 1/3 的粮食。习近平总书记在黄河流域生态保护和高质量发展座谈会上指出，黄河是中华民族的母亲河，黄河流域是我国重要的经济地

---

① 于冷：《对政府推进实施农业标准化的分析》，《农业经济问题》2007 年第 9 期。
② 《产粮大县有了粮食生产标准》，央视网，http://sannong.cntv.cn/2015/01/21/ARTI142-1802980693259.shtml。

带,黄淮海平原、汾渭平原、河套灌区是农产品主产区,要发展现代农业,把农产品质量提上去,为保障国家粮食安全作出贡献。[1] 齐河县是德州唯一的沿黄县,是德州市粮食高产的代表,也是全国超级产粮大县,不仅具有全国最大面积单产"吨半粮"20万亩生产能力,而且常年粮食种植面积在220万亩以上,总产量连续15年稳定在22亿斤以上,连续7年获得全国粮食生产先进县,是华北地区唯一的全国粮食生产功能区试点单位。

而地位如此重要且特殊的齐河县,早在2015年就制定出台了全国首个粮食生产和社会化服务地方性综合标准,发挥了十分重要的示范作用,具体体现为对县域范围内的示范和县域范围外的示范两个方面:

县域范围内的示范表现在,县政府对粮食质量安全生产、社会化服务以及整体粮食安全的重视程度得到了彰显。长期以来,农业往往由于附加值低、对地区经济增长贡献率较低容易被地方政府所忽视。然而,农业是我国的基础产业,习近平总书记多次强调农业生产和粮食安全的重要性,粮食安全是"国之大者",中国人的饭碗任何时候都要牢牢端在自己手上。齐河县两大标准综合体的出台,是高度领会中央精神后作出的地方性探索,既体现了齐河县一直以来在政治站位上对农业的高度重视,又为后续齐河县各届领导班子一以贯之地重视粮食生产奠定了坚实的基础。

县域外的示范,则体现在两大标准综合体的制定和出台为齐河县进一步推动农业标准化铺平了道路。2014年12月,齐河县

---

① 习近平:《在黄河流域生态保护和高质量发展座谈会上的讲话》,《求是》2019年第20期。

通过专家评审,获批全国绿色食品原料标准化生产基地,自 2015 年 1 月正式进入小麦、玉米基地的创建期,是齐河县在农业标准化进程上的重要探索,推动了全县绿色食品事业全面快速发展和提档升级。2023 年 4 月,山东农学会发布了团体标准《小麦、玉米"吨半粮"生产能力建设技术规范》,该标准由山东省农业科学院提出,参与起草的县级政府部门只有齐河县农业农村局一家单位,为山东省的农业标准化工作贡献了齐河力量。据统计,截至 2023 年,齐河企业共主导和参与国家标准、行业标准及团体标准制定 60 多个,已立项国家级及省级标准化试点 28 个,国家级试点 8 个(已验收 7 个)、省级试点 20 个(已验收 13 个)标准数量和质量均居全市首位。

三、市场层面对农业社会化服务供给主体运营的示范作用

2019 年 2 月,中共中央办公厅、国务院办公厅印发《关于促进小农户和现代农业发展有机衔接的意见》强调,要健全面向小农户的社会化服务体系,发展农业生产性服务业,加快推进农业生产托管服务。近年来,农业社会化服务的快速发展已经成为农业生产的大浪潮,与此同时,社会化服务也暴露出了自身的部分问题,如社会化服务主体能力参差不齐,农业机械发展水平差异带来的农业社会化服务供给的结构性失衡[1]等问题。

根据第三次农业普查数据,我国小农户数量占到农业经营主体的 98% 以上,"大国小农"仍是并将长期是我国的基本国情。[2]

---

[1]　郭晓鸣、温国强:《农业社会化服务的发展逻辑、现实阻滞与优化路径》,《中国农村经济》2023 年第 7 期。

[2]　《全国 98% 以上的农业经营主体仍是小农户》,中国政府网,https://www.gov.cn/xinwen/2019-03/01/content_5369755.htm。

农业社会化服务面向众多小农户,涵盖不同的作物和技术,如果无"标"可依,可能会出现市场失灵的情况,造成社会化服务体系的无序发展,对农业生产造成不良影响。齐河县小麦、玉米生产社会化服务标准综合体县市规范的出台则在一定程度上解决了县域范围内面临的这一问题。

社会化服务标准的主要内容包括生产服务与技术要求、基本措施与保障措施两大部分,其中前者又包括基本要求、主体资质、全程服务、服务程序、购买程序、质量提升六个部分;后者则包括农业机械化、农业科技化、农业信息化、服务社会化和保障性措施五个部分,以全程服务板块为例,涵盖了耕种服务、统防统治、灌溉追肥、收获服务、烘干代储、其他服务等社会化服务的全过程各环节,为社会化服务主体的实际操作过程提供了丰富翔实的参考模板,也为社会化服务的购买主体提供了一颗"定心丸"。

社会化服务示范不仅体现在对社会化服务主体开展日常工作时的示范,也助推了一些社会化服务主体研究制定符合本企业实际服务需求的企业标准,以便更好地开展社会化服务,其中一个典型案例就是我们下文将要深入剖析的山东一大型农业服务公司,在两大标准综合体的启发下,该公司近年来制定出台了100多项企业标准,充分地运用到了日常的社会化服务过程中。此外,该公司的"农业社会化服务标准化"项目于2020年成功入选第四批全国农村综合改革标准化试点单位。

农业企业作为农产品生产标准和技术规范的主要推广主体和实施主体,具有符合自身特性的先决优势。一方面,农业企业的规模效应能够在一定程度上缓解产业链上下游的信息不对称问题,更好地执行标准并对农户起到示范效应,助推农业标准的落地;另一方面,执行及制定农业生产和社会化服务标准,有利于降低农业企业对雇工的监管成本,节约企业开支,提高整体工作效率。在齐河县推出两大标准综合体县市规范后,该农业服务公司及时领会政策精神,探索标准化工作,将社会化服务标准化贯彻到企业的日常运行管理中。

案例基本情况:

"6S"标准服务模式指"统一良种供应标准,统一栽培管理标准,统一植保防治标准,统一测土施肥标准,统一农机作业标准,统一烘干收储标准"。全面实现"服务约定有合同,服务内容有标准,服务过程有记录,服务人员有培训,服务质量有保证,服务产品有监管"。统一农业社会化服务内容、人员要求、作业标准,实现了农产品品质提高,农药、化肥、地膜减量增效,农作物秸秆还田,农药包装废弃物回收,促进了农业生产的转型升级。

经过 10 年的发展,截至 2023 年,该农业服务公司拥有大、中、小型农业机械设备 500 余台/套。并以专业化统防统治为切入点,依靠科学的病虫害防治技术、先进的植保设备及良好的信誉服务于农民,以节本、增效、减量、控害为己任,开展菜单式、托管式、承包式和跨区作业等多种形式的社会化服务,大力推进专业化统防统治工作的开展,逐年扩大统防统治面积。当前,该农业服务公司的服务水平已达到日防治能力 10 万亩,10 年中已累计服务完成统防统治面积 700 万亩次;土地深耕深松 22 万亩;小麦、玉米收割 28 万亩次;地面除草服务年作业面积 20 万亩次;林业有害生物防控作业 121.6 余万亩。服务半径也由山东齐河县扩展到江苏、山西、河南等其他周边地区。

　　该农业服务公司不仅凭借自身力量开展社会化服务,而且以"资源共享,团结合作,合力共赢"为发展理念,构建了由该农业服务公司发起、与全县各乡镇(街道)合作社合作,遍布全县的农业社会化服务网络。2019 年,成立了齐河大兴农企农业产业联合会,同时吸纳小规模社会化服务组织和个体协同开展业务,以强带弱,以点带面,成为齐河县农业社会化服务组织富有代表性的一面旗帜。

　　这一农业服务公司获评 2014 年度山东省农作物病虫害专业化统防统治优秀服务组织,2018 年率先通过山东省省级标准化试点验收,2019 年获评全国统防统治星级服务组织和山东省农业生产性服务省级示范组织,2020 年成功入选全国农村综合改革标准化试点单位,2021 年获评山东省高新技术企业,2021 年成为山东省农业科学院(齐河)小麦玉米产业技术研究院承建单位,2021 年获评"2021 数字农业农村新技术新产品新模式优秀项目",2021 年入选全国农业社会化服务创新试点单位。

　　在两大标准化综合体县市规范出台的背景下,该农业服务公司在自身发展的过程中逐渐意识到需要相应标准来规范企业内部社会化服务行为,一是可以便于企业管理,提高管理效率,降低无谓的效率损失,降低成本;二是可以减少与服务对象的矛盾冲突,提高经营效率;三是响应地方政府农业标准化的政策引导,提升社会化服务能力,向农业现代化转变。

　　由此,该农业服务公司开启了农业标准化探索的道路。迄今为止,该农业服务公司共制定企业标准 100 余项。2018 年,该农业服务公司在原有标准的基础上,进行了统一清理、升级,按照国家规定的企业标准的制定流程立项、起草草案,由相关部门审查、批准后发布，进一步规范了农业标准化工作。目前，该农业服务公司共有86项企业标准，包括企业管理标准、业务标准、企业工作标准三大类，其中业务标准中包括26项具体的社会化服务标准，例如冬小麦高产施肥规程、东部春小麦高产优质栽培技术操作规程、高粱主要病虫害及防治技术要点操作规程等，涵盖了多种农作物的多项生产流程，为社会化服务主体的工作提供了明确的技术标准，也提出了明确的要求，使其"有标可依、有章可循"。

该农业服务公司总经理纪总表示："我们平时对农机手的工作验收就是按照标准规定的内容来的，比如小麦播种的时候要合理密植，行距是多少，深翻的深度是多少，要及时镇压，这些都是有标准的，农户也会看这些的，如果农机手干得不符合标准，我们会让他返工，农户也会看出来的。有了这个标准之后，他们也会好好干，大家心里都有杆秤。"农业标准化不仅为社会化服务主体提供了行动指南，加强了对农机手的隐性监督，也为购买服务的农户提供了验收指导，保障了农业生产的高质高效。

该农业服务公司在制定企业标准的基础上，还积极参与地方标准的制定。2023年出台的团体标准《小麦、玉米"吨半粮"生产能力建设技术规范》，该农业服务公司是起草单位之一，足见其在农业高产经验方面占有一席之地，而农业标准化正是将粮食高产推向更广阔天地的一项有力手段。该农业服务公司作为市场主体，其积极制定并出台的多项企业标准与地方政府制定的农业标准综合体县市规范共同筑就了齐河县农业标准化的网络，推动了齐河县的粮食高产和农业现代化进程。

第三节　以粮食生产标准推广农业
技术的工作机制

　　农业标准化是推动技术扩散的重要工具,但技术能否真正落地,离不开农业技术推广体系。基层农技推广体系是实施科教兴农战略的重要载体,是建设现代农业的重要支撑,是加快建设农业强国的重要工具,也是地方政府保障粮食安全的重要抓手。在深入研究齐河县"吨半粮"生产经验后,我们发现,当地的粮食之所以能够高产,绝对离不开农技推广工作和农业技术人员。在落实中央安排的农业技术推广任务的同时,齐河县能够结合当地实际创造性地开拓出具有齐河特色的农业技术推广工作方式,将两大标准综合体县市规范中所涉及的技术要点推广到实际生产中,形成了小麦"七配套"(统一优质品种、配方精准施肥、深耕深松灭茬、宽幅精播、浇越冬水、氮肥后移、一喷三防)、玉米"七融合"(统一推广优质耐密品种、宽垄密植、抢茬机械单粒精播、配方精准施肥、"一防双减"、适期晚收、机械收获)绿色高产高效技术模式应用,技术到位率达到100%,实现了粮食"高产、高效、优质、安全、生态",为"吨半粮"建设保驾护航。具体而言,齐河县主要通过培育高素质农民、农业科技示范主体和基层农技人员等构建多层次、广覆盖、复合型的农业技术推广架构,将两大标准综合体县市规范落到实处。

一、高素质农民培育中的技术推广

　　规模化是农业标准化的有力推手,新型经营主体则是农业标准化操作的第一梯队。高素质农民最早出现在 2019 年《中国共产党农村工作条例》中[1]，2020 年农业农村部下发《关于做好 2020 年高素质农民培育工作的通知》，对做好高素质农民培育工作有了更具体的要求。总体思路是以促进现代农业高质量发展为导向，以满足农民理念知识技能需求为核心，以提升培育质量效能为关键，深入推进农民教育培训提质增效三年行动，培育农业经理人等经营管理型、种养大户等专业生产型和从事生产经营性服务的技能服务型高素质农民 100 万人，推进农民技能培训与学历教育有效衔接，加快形成促进高素质农民全面发展的政策体系。

　　齐河县在深入领会上级精神的基础上，首先在县人民政府网站上发布了《高素质农民培育申请指南》，明确了高素质农民培育的适用范围、培育对象、培育目标、培育管理、培育方案、培育模块、培育机构等 13 项相关信息，面向所有正在从事或有意愿从事农业生产、经营、服务的务农农民、返乡入乡创新创业者、乡村治理及社会事业服务等人员，接受有需求人员的报名，做到应培尽培，打造有文化、懂技术、善经营、会管理的高素质农民队伍，促进农业转型升级、农村持续进步、农民全面发展。

　　与此同时，根据山东省农业农村厅和德州市农业农村局印发的高素质农民培育实施方案，制定齐河县高素质农民培育实施方案。以 2022 年实施方案为例，其中明确了当年的重点培训任务，即根据德州市农业农村局统一部署，安排齐河县高素质农民培训任务数 476 人，其中省级培训 50 人。按照分配任务数增 10% 的要求，齐河县计划培育高素质农民 524 人。此外，方案还列出了当年

---

① 吕莉敏等：《高素质农民培训效果文献综述》，《机械职业教育》2023 年第 4 期。

需要实施的专题培训行动,通过精准遴选培训对象、科学确定培训机构、分层分类开展培训、灵活培育方式、做好跟踪服务工作等举措保障高素质农民培育的顺利开展。

统筹利用农民合作社、涉农院校(如山东农业大学、山东农业工程学院)、农业科研院所、县委党校等教育培训资源,利用农民田间学校、实习实训基地开展实习实训。累计培育高素质农民2800余人,评定农民职称120余人,通过培训逐步建立起业务水平高、综合能力强的乡土实用人才队伍。

2020年,齐河县培育高素质农民254人。2021年齐河县高素质农民教育培训任务数586人,计划培训645人,实际培训658人,其中:新型经营主体带头人584人、农业领军人才60人、农村电商人才14人,超11.2%圆满完成培训任务。2022年,齐河县培育高素质农民536人,邀请指导专家开展面对面、手把手、零距离、心贴心的技术指导和培训,做到农技人员直接到户、技术要领直接到人、良种良法直接到田。2023年齐河县共组织开展了5期高素质农民培训班培训600余人。以促进现代农业高质量发展为导向,以满足农民理念知识技能需求为核心,以提升培育质量效能为关键,紧密结合乡村振兴人才需求实际,分层分类施教,统筹实施新型农业经营和服务主体能力提升、种养加能手技能培训,农村创新创业者培养、乡村治理及社会事业发展带头人培育和农村实用人才带头人示范培训等行动,不断增强提高培育内容的针对性、过程管理的规范性、培育结果的有效性,不断发展壮大适应产业发展、乡村建设急需的高素质农民队伍,在打造乡村振兴齐鲁样板中率先突破,加快推进农业农村现代化步伐,为实现齐河县高质量发展提供强有力的人才资源支撑。

二、农业科技示范主体的培育与作用发挥

农业技术推广是农业科技创新与应用链条中的重要环节。有效的农业技术进步不仅取决于技术本身的创新,还取决于有效的农业技术推广服务,而有效的推广服务取决于服务内容和方式是否符合农民的技术需求。长期以来我国农业技术推广体系虽不断改革完善,但总体而言服务方式仍旧单一,手段落后。一个重要原因是在农业发展目标发生重大转变后,推广工作仍然把农民看作农业技术服务的被动接受者,而对农民技术需求的特点与变化没有给予足够的关注,而农业科技入户的做法确立了农民在技术应用中的主体地位,建立了以农民需求为取向的农业技术服务运行机制,突破了科技成果进村入户的"瓶颈"。①

2004年,当时的农业部发布了《关于推进农业科技入户工作的意见》,指出农业科技入户是实现农业增效、农民增收和农产品竞争力增强的迫切需要,是加快农业增长方式转变的迫切需要,也是加强农业部门科技创新与推广能力建设的迫切需要,提出从农业发展和农民实际需要出发,推动农业科技入户,力争到2010年,科技示范户的素质和能力显著提高,农业技术服务组织进一步壮大,培育100万个科技示范户,辐射带动2000万农户,发展1万个新型农业技术服务组织,由此启动了农业科技入户示范工程。

经过20年的发展,国家仍然强调要构建多层次农业科技示范载体,实现村有科技示范主体、镇有科技展示样板、县有产业示范基地。精准培育农业科技示范主体,按照"选好一个、带动一片、致富一方"的原则,遴选示范作用好、辐射带动强的新型经营主体

---

① 张耀钢:《农业技术推广方式的重大创新——"农业科技入户"模式的理论与实践》,《江苏农村经济》2007年第5期。

带头人、种养大户、乡土专家等作为示范主体,完善农技人员对口精准指导服务机制,将示范主体打造成主推技术应用的主力军、"永久牌"农技服务专家队伍,切实发挥其对周边农户的辐射带动能力。增强农业科技示范展示能力,聚焦县域农业优势特色产业和年度主推技术推广任务,建设农业科技示范展示基地,以基地为载体示范推广主推技术,开展农技指导和培训服务。

齐河县严格按照上级指示精神,开展农业科技示范主体培育工作,第一步是严把遴选条件,扩大遴选范围,遴选示范作用好、辐射带动能力较强、乐于助人的新型农业经营主体带头人、种粮大户、乡土专家等作为农业科技示范主体,支持农业科技服务公司、专业服务组织、科技服务能力较强的合作社、家庭农场等社会化服务力量作为农业科技示范主体。

确定示范主体后,第二步是以多种形式开展日常工作,包括印发明白纸、举办基层农技推广补助项目农业科技主体示范主体培训班,开展基地观摩学习和实训学习;组织技术指导员走村入户,以2021年为例,从10月8日至12月底,技术指导员需要走村入户5次,组织一次技术培训,下乡技术指导达60天,同时要保证农业科技示范主体的满意度,对示范主体开展手把手、面对面的技术指导和咨询服务。

此外,当地还以文件的形式明确了农业科技示范主体所享有的权利和义务,包括:(1)参加技术培训,获得技术资料,接受技术指导服务;(2)优先获得新品种、新技术示范试验项目;(3)享有一定的物化技术补贴;(4)对技术指导员工作及农事活动提出意见和建议;(5)提供必要的生产示范条件,协助技术员做好技术推广、技术信息采集和项目评价工作;(6)充分发挥示范带动作用,带头学习使用农业新技术、新品种、新产品、新机具,辐射带动周边农户推广应用先进生产技术;(7)按要求填写《农业科技示范主体手册》,记录农事信息,为技术指导员积累技术资料创造良好条件。

齐河县结合本地农户的实际需求,推广符合当地主导产业发展的质量安全、节本增效、生态环保的优质绿色高效技术模式应用于农业生产,把配套集成、简单易学的种养技术、防灾减灾、草地贪夜蛾防控技术和标准化生产技术传授给示范主体,把省工省力、节本增效的新型农机具推广到示范主体,把农业生产投入品供给和农产品供求信息发送到示范主体,提高其自我发展能力和对周边农户的辐射带动能力。为提高科技示范主体的积极性,还为其开展新品种、新技术、新模式等的示范应用给予一定的物化补贴。

从农业技术创新扩散的角度来说,社会经济地位较低的农户总是倾向于追随和模仿社会经济地位较高的农户,后者在受教育程度、社会威望以及种植经验等方面具有更高水平。在家户式分散经营、政府推广资源有限的现实约束下,选择其中一部分农户作为联系农户对其进行直接的技术培训,然后借助村域社会网络将先进农业技术由联系农户扩散至普通农户。[1]

近年来,齐河县累计培育农业科技示范主体 2000 余人,充分利用农业科技推广信息化工具开展工作,通过中国农技推广 App、微信群、QQ 群、直播平台等,在线开展问题解答、咨询指导、技术普及等服务,丰富和拓展了农技推广的形式和内容,为培育农业科技示范主体插上了信息化的翅膀。

---

① 赵佩佩等:《社会经济地位差异与农业绿色防控技术扩散倒 U 型关系:社会学习的中介效应》,《干旱区资源与环境》2021 年第 8 期。

　　齐河县聘请小麦、果树专业技术专家持续性地开展技术培训,分组分乡镇对全县农业科技示范主体进行田间培训。由农业农村局专家组成员和农技人员到田间地头对示范主体培养小麦中后期病虫害的防治,特别是小麦条锈病的辨别和防控措施,现场解决农户的提问,解决生产中遇到的难题。负责培训的农技专家们除了前往线下指导,也会充分利用"学习强国""云上智农"等线上学习平台,并辅之以微信、QQ等大众交流平台开展线上技术专题讲座和线上问答。培训的参加者涵盖了各乡镇农技站长、农业科技示范主体等多元主体,人数往往达百余人。同时,也不乏有高端知识分子受邀前来开展培训工作,以玉米相关技术的培训课目为例,曾有山东农业大学张吉旺教授、田延平教授、山东省农技推广总站推广研究员韩伟和山东省农科院植物保护研究所高兴祥为学员讲授玉米形势分析及绿色生产技术、玉米病虫草害的绿色综合防控技术。如此,齐河县所开展的培训兼顾了高级知识分子的技术理论视野和本地农技站农技员的一线实践经验的多层次分享。

三、政府主导的基层农技人员培训

　　基层农技推广体系肩负着把农业科技转化为现实生产力的繁重任务,是科教兴农的基层骨干力量。长期以来,基层农技推广人员为促进农业科技成果转化应用,实现农业增效、农民增收作出了巨大贡献。但是,与新时期农业发展面临的艰巨任务和赋予的历史使命相比,基层农技推广人员的业务素质亟待提高。近年来,农业农村部会同教育部等部门不断完善扶持政策,加大基层农技人员培训教育工作力度,建立基层农技人员培训的长效机制,提升基层农技推广队伍知识技能。中共中央办公厅、国务院办公厅印发的《关于加快推进乡村人才振兴的意见》指出,要培养农业农村科技推广人才,实施基层农技人员素质提升工程,重点培训年轻骨干农技人员。

首先,齐河县在对基层农技人员培训方面也进行了大量的探索实践,多渠道、多形式开展农技人员能力提升行动,不断提高基层农技人员业务能力和综合素质。基层农技人员培训班中,省级班主要开展现代农业理论、宏观管理、经济发展、农业政策和相关法律法规,以及现代农业推广理论与方法、现代农业生产技术、农业公共信息服务和管理统计等方面的培训和实践;市级班主要围绕当地主导产业,对基层农技推广人员开展新品种、新机具以及急需了解掌握的新技术、新方法等方面的培训;县级班则根据本县主导产业生产周期和关键季节,择优聘请省、市、县有关专家,有针对性地制订切实可行的培训计划,采取异地培训、参观学习、集中培训、素质能力提升培训等灵活多样的方式,对全县所有农技人员开展技术培训。

其次,着力引进高层次农科人才,因时因地灵活借力提升基层农技人员素质。2017年11月,山东农业大学齐河教学科研实践育人基地挂牌成立,借此契机,山东农业大学副校长王振林和山东农业大学农学院副院长张吉旺分别围绕玉米、小麦高产栽培对齐河县基层农技人员进行了培训。共建山东农业大学德州(齐河)小麦产业研究院,吸纳全国小麦产业领域12位院士和国家杰青等知名专家学者齐聚齐河县,共谋小麦产业高质量发展实施路径。与山东省农科院共建小麦玉米"吨半粮"技术研究中心,借助省科研人才力量推动粮食生产向高端、高质、高效转型。建设黄河流域

（山东）现代农业科学城，依托省科协资源优势和纽带作用，组织院士专家，整合黄河流域科技力量，打造院士工作站、博士后工作站以及高层次人才创业基地。联合山东农业大学、山东农业工程学院、河南农业大学等30家以上科研院所、高等学校和单位，发起设立黄河流域现代农业科学技术研究院理事会。

最后，强调干中学，与高水平农户教学相长。为推动乡村人才振兴，强化乡村人才支撑，2018年9月山东省创新职称制度，率先探索建立新型职业农民职称评定制度，在东营开展试点，打破学历、论文、科研成果等条框限制，坚持能力业绩导向，评选出一批新型职业农民的"带头人"。2019年，试点范围扩大到14个市，让更多的新型职业农民参加职称评审。齐河县作为德州市最早的职业农民职称改革试点县，近年来积极开展职业农民初级、中级职称评定，评定专业包括种植、养殖、农产品加工等，截至2023年7月，共评定农民职称120余人。基层农技人员在对这些"土专家""田秀才"进行农业技术指导的同时，也能够互相学习，不断提升自身业务素质和技能水平，全面提高服务效能，夯实农技推广基础。

不同层级的培训每年培训的对象、人数均有所差别。以2022年为例，省级培训班主要由县农业农村局科教科会同业务科室组织人员参加培训，主要安排农技推广骨干人才培训班、棉技、环能、渔业、农机、畜牧等行业县级站长（主任）素质提升培训班，农民"田间学校"师资培训班、"基层信息宣传员"培训班等不同类型的培训班。其中，农技推广骨干人才培训班学员，主要在具有副高级（含）以上专业技术职称、具有较高知名度和专业技术权威的基层农技推广机构在职人员中遴选，通过培训，有针对性地弥补能力短板和经验盲区，使每个农技人员都能成为指导服务的行家里手。

每个班次培训时间为 5 天,40 个学时,共计培训 24 人。

市级班的培训工作由德州市美丽宜居乡村建设中心承担,由县农业农村局科教科组织农技人员参加培训,培训分 4 期,种植业 50 人、农机 10 人、渔业 8 人、畜牧业 15 人。每个班次培训时间为 5 天,40 个学时,共计培训农技人员 83 人。县级班则对全县所有农技人员开展技术培训。种植业培训两期:一期 70 人,二期 30 人,赴农业院校开展素质能力提升培训。农机培训一期,共 40 人。举办基层渔技人员技术培训班一期,共 8 人。畜牧业培训一期,培训人数 15 人。培训时间均为 5 天,40 个学时,全县共培训 163 人。

齐河县通过以上多渠道、多举措开展农业技术推广工作,取得了显著成效,更好地推动了技术的扩散,也让标准综合体县市规范中的技术示范在县域范围内更好地落地,更是地方政府在农业标准化的框架下保证粮食高产的重要“法宝”。与此同时,齐河县高度重视标准化工作,建立起协调有力、运转高效的县级标准化综合协调推进机制,实施标准化+乡村振兴工程、标准化+新旧动能转换工程、标准化+公共服务工程,逐步形成“事事有依据、处处有标准”的工作格局,充分利用农业标准化这一政府工具保障县域粮食安全。

第五章　粮食生产全产业链
建设的财政支持

　　财政支持对粮食全产业链的建设有不可或缺的作用。财政支持粮食生产对保障国家粮食安全、促进农业现代化具有重要意义。通过财政支持,可以弥补私人或市场组织在粮食生产中的投资不足,确保粮食产业链的完整性和可持续发展。粮食生产需要一定的基础设施,如农田水利设施、高标农田建设等。这些基础设施建设需要大量的资金投入,私人或市场组织往往难以承担。财政支持可以弥补这一资金缺口,为粮食生产提供良好的基础设施条件。粮食产业链主要包括种植、收获、加工、储存、运输、销售等多个环节。在这些环节中,有些环节可能由于投资回报率低、风险大等原因,私人或市场组织不愿意投资。财政支持可以确保这些环节的正常运行,维持粮食产业链的完整性。粮食生产受自然灾害、病虫害等多种因素影响,存在较大的风险。财政支持可以通过农业保险、灾害补贴等方式,降低粮食生产的风险,保障农民收入。

　　本章以财政支持作为切入口,围绕齐河县这些年财政是如何支持粮食生产的,具体有哪些方面的财政投入和做法,都取得了什么样的成效,探究齐河县作为一个粮食生产强县,如何面对上述财政支农存在的普遍性问题,在财政支持粮食高效高质生产方面有什么值得借鉴和推广的经验。最后,本书结合齐河县的具体情况总结出财政支持粮食生产的三方面经验:一是通过整合资金投入来提升资金使用的效率;二是将资金投入关键环节来提升资金使用的效果;三是加强资金使用的监督管理,保证资金的使用安全。

第一节　县级政府加强粮食生产财政投入的重点领域

为提升粮食综合生产能力,粮食生产整个产业链条都离不开资金的支持,尤其是在完善农业基础设施建设、改良土壤质量、提升种粮主体的积极性、风险防控和应对以及建设产业园区等关键环节。但是在财政有限使用的前提下,必须要保证资金的投入是有效甚至高效的。从全国范围来看,我国财政支农政策存在一些比较普遍的问题。刘天琦(2020)[①]等认为我国财政已经面临减收增支的压力,在这种压力之下还需要抓牢我们中国人自己的饭碗,加大支农政策的力度,因此财政支农政策的难点就集中在如何扩大支农资金投入规模、提高财政投入的精准度与效率方面。

为了解决这些问题,需要从加大支持力度、调整投入结构、整合支持资源、强化支出监管等多个方面进行改进,进一步优化财政支农机制,以提高财政补贴对农业发展的推动作用。地方政府通

---

① 刘天琦:《宋俊杰·财政支农政策助推乡村振兴的路径、问题与对策》,《经济纵横》2020 年第 6 期。

过高标准农田建设等一系列项目,有效补齐农业基础设施短板,提高了土地要素质量,成为推动农业高质量发展的新路径。[①] 从2011年至今,齐河县的高标准农田建设受到各级政府财政和补助项目的支持,广泛覆盖到农业基础设施、农业生产环节、农业技术更新、社会化服务发展等多方面。从资金投入的时长和体量来看,农业基础设施领域尤为突出。

一、财政力量重点支持的农业生产环节

(一)种植环节的粮种补贴

财政对农业生产环节的支持主要包括播种环节的粮种补贴、套种补贴和"一喷三防"病虫害预防补贴。齐河县的粮种补贴经历了从局部到全部范围逐渐扩大的过程。就小麦粮种补贴而言,2005—2007年,齐河县每年小麦粮种补贴的面积为40万亩,2008年补贴55万亩,自2009年开始实行全县整建制、全覆盖补贴,2009年补贴面积为116.6万亩,2010年补贴面积为114.9万亩。年亩补贴10元,共补贴4065万元。就玉米粮种补贴而言,2006—2007年,每年补贴玉米粮种面积为10万亩,2008年补贴60万亩,自2009年开始实行全县整建制、全覆盖补贴,2009年补贴面积为114.7万亩,2010年补贴面积为111.5万亩。年亩补贴10元,共补贴3062万元。

2005—2010年,齐河全县农户共享受国家粮种补贴7364.25万元。补贴方式是按照省年度粮种补贴实施方案规定,实行国家

---

① 孙学涛、张丽娟、王振华:《高标准农田建设对农业生产的影响——基于农业要素弹性与农业全要素生产率的视角》,《中国农村观察》2023年第4期。

补贴,用种农民找补差价,统一供种的形式进行。国家补贴通过"一卡通"的形式及时、足额直接发放到户,由农民在市场上自主选用粮种。

2012 年,齐河县财政累计投入 1.2 亿元,连续 5 年,分别对全县百万亩小麦和 30 万亩核心区玉米实行统一补贴供种。2019 年齐河县积极调整粮食种植结构,出台高质高效小麦订单生产扶持政策,将订单生产所用小麦品种山农 111 纳入全县粮种补贴范围,发展优质强筋小麦订单生产 3 万余亩,发展粮饲兼用玉米 20 万亩,被授予"山东绿色优质小麦订单种植基地县"。2019 年小麦统一供种面积共 97.39 万亩,推广济麦 77、鲁元 502 等品种。

2021 年县财政自筹 1000 万元开展小麦统一供种,优质粮种统一供种率达到 100%。2022 年,粮种一次性补贴是以小麦、玉米、水稻、大豆等粮食作物实际播种面积为依据发放的,共计发放三次。第三批涉及种植户 10.01 万户 215.37 万亩,补贴标准为 7.09 元/亩,大豆及大豆玉米带状复合种植涉及种植户 799 户 2.95 万亩,补贴标准 20 元/亩,均发放完毕。

(二)种植模式的套种补贴

财政供给的大豆玉米套种补贴是推广套种模式、提高农民积极性的重要手段。大豆玉米套种又称大豆玉米带状复合种植技术,是指在同一块田地上交错种植大豆和玉米,形成条带状的复合种植方式,这种技术利用了大豆和玉米的生长特点,实现了一块田地同时种植两种作物,能够将土地资源利用最大化。

齐河县从 2022 年开始大力推广这种种植模式。德州市对齐河县下达大豆玉米带状复合种植任务面积 3 万亩,全部分解到户到地块推行。以晏北街道为例,2022年晏北街道在辖区内推广大豆玉米"4+2"带状复合种植模式,有10个村庄1550亩地主动尝试新的种植方法。在大豆玉米套种现场会上,农技人员向农户介绍大豆玉米带状复合种植模式、主要优势和关键技术等理论知识并进行了实地操作现场演示,还对农户提出的问题进行了一一解答,有效地解决了农户心中疑虑,提高了农户对种植大豆、玉米的信心和积极性。

但是大豆玉米套种要成功并不是一件容易的事情,必须要注重其关键环节。首先,必须要激发农户种植的积极性,县财政按照每亩49元给予豆种补贴,豆种已发至种植户。齐河县对集中连片种植50亩以上的各类新型农业经营主体按300元/亩的标准发放种植补贴;对大豆间作专用农机给予50%的兜底补贴。其次,种子的选择也是一个关键环节,必须选择优良的品种进行栽培。最好是选择那种对空间没有太高要求,抗倒伏性强的玉米品种,以及选择成熟期晚、不喜欢光照、对种植空间要求低的大豆品种。这样才能有效地利用玉米生长后期的空间和光,使低位的大豆苗可以吸收必要的营养素和光,之后慢慢成熟。齐河县在大豆品种上主要选用了耐阴抗倒、宜机收高产品种,例如"齐黄34";在间种玉米选用上主要选用了株型紧凑、适宜密植和机械化收获的高产品种,例如登海605、农大372。

(三)粮食病虫害统防统治

齐河县通过统筹上级资金和县财政资金实施了小麦穗期病虫害专业化统防统治,大大提高了粮食作物病虫害的防治效果和防治效率,又减少了化学农药及农药包装物等面源污染。这一工作对推动齐河县专业化统防统治工作开展、确保粮食丰收具有十分重要的意义。

小麦"一喷三防"技术指的是在小麦生长期将杀虫剂、杀菌剂、叶面肥、植物生长调节剂（如微肥、抗旱剂等）混配，一次施药可以达到防病虫害、防干热风、防倒伏，增加粒重的目的，是确保小麦增产的一项关键技术措施。小麦抽穗至灌浆期是小麦赤霉病、条锈病、白粉病、叶锈病、麦蚜、吸浆虫等多种病虫同时发生危害的关键时期，此期如果防治失力，将会引起小麦病虫害流行、蔓延，对小麦生产造成重大影响。在小麦抽穗至灌浆期一次性喷施杀虫剂、杀菌剂、植物生长调节剂（或叶面肥），能够达到防病、防虫、防干热风、增产保产的多种作用，是有效防治小麦穗期病虫集中危害，增强小麦抗逆性，促进小麦稳产增产的关键技术，保产增产效果显著。

2021 年齐河县整合资金 1302.45 万元，用于开展小麦"一喷三防"统防统治作业，有效防治条锈病的发生，有关经验做法在全省推广。以 2022 年为例，小麦抽穗至灌浆期病虫害统防统治资金每亩预算 12 元，这是根据常年招标价格和市场服务价格确定的，全县共需资金 12960197.4 元，资金全部用于购买专业化统防统治服务费和药剂费，防治药剂必须具备农药三证。2023 年财政列支 2592 万元，用于小麦"一喷三防"和玉米"一喷多促"项目。

二、县级政府对农业技术更新的财政支持

（一）对农业技术培训的财政支持

从地方实践看，齐河县对农业技术更新的财政性支持主要落

在农业技术培训和农业人才引进这两个方面。首先,基层农技人员培训所需经费,由中央财政安排的全国基层农技推广专项资金补助项目解决,主要用于农技人员参加集中培训所需的教师讲课费、教材费、场地费、食宿费、交通费等,由齐河县财政统一支付。省级班培训费用每人2000元,包括教师讲课费、教材费、场地费、食宿费、参观考察费等,由学员在参训时交付,从齐河县补助项目经费中支出。市级班培训费用每人1200元,包括教师讲课费、教材费、场地费、食宿费等,由齐河县财政部门统一拨付给培训基地。

以2019年为例,齐河县基层农技推广体系改革与建设补助项目资金103万元。主要用于农业技术推广服务、农业科技示范主体培育和农业试验示范基地建设、基层农技人员能力建设等支出。具体使用情况:(1)农业技术推广服务10万元,主要用于基层农技人员上门指导服务农业科技示范主体、进村入户开展技术指导服务补助6万元,包括交通费(含租车费)、误餐费;技术资料印刷、制度建设及工作考评等费用4万元;(2)农业科技试验示范补助69万元,主要用于:建设农业科技试验示范基地,开展试验示范、观摩学习、学习交流活动、示范推广优质绿色高效技术模式的补助32万元;示范主体推广应用新品种、新技术、新模式的补助32万元;对农业科技示范主体集中培训费用(培训资料、场地、食宿费、交通费等)4万元;聘请技术专家补助1万元;(3)基层农技人员能力建设2万元。主要用于:农技人员脱产培训、农技推广骨干人才培养、集中培训和现场实训等产生的教材、场地、差旅、住宿、交通等培训费用。

2013年,齐河县被确定为新型职业农民培育试点县,累计培训新型职业农民1250人,认定新型职业农民913人。利用田间学校、齐河县农业云等信息化手段,依托现代远程教育系统,不断创新培育模式,提高新型职业农民培育条件和能力,实现了各类信息资源与新型职业农民培育工作的高效衔接,促进了政策、产业、专家、技术、基地、人才等有机结合,线上线下实现优势互补,保证了新型职业农民培育效果。培训由各乡镇农办主任带队,负责学员报到和培训管理,不收取任何费用。

2016 年,齐河县制定新型职业农民培育信息化示范项目方案,投资 400 万元,开展齐河县新型职业农民培育信息化示范项目建设,成为全国唯一的新型职业农民培育信息化示范县。内容为:首先,建设现代化演播室,在齐河县农广校建设了 100 平方米的演播室,包含虚拟演播平台和实景演播平台;建设标准化田间学校,实现理论与实践有机结合。在全县建设标准化农民田间学校 15 处,主要分布在农业产业园、农业龙头企业和家庭农场,每个田间学校配备相关教学设备、软硬件和专用教材;开发手机 App 和农业专题网站,面向全县农技人员和新型职业农民,购置开发了齐河智能、齐河农技 App 软件和农业专题网站,可以直接对接全国农业科教云平台,实现了技术问答、在线学习、互动交流等功能。

其次,齐河县尤为重视对农机手技能素质的培训。为进一步加强农机手培育,发挥其在推进现代农业发展中的作用,着力顺应现代农业对农机化发展的新需求,以解决"谁来种地、怎样种地"问题为导向,以提高农机手技能素质为目标,以推广应用先进适用、生产急需、节能环保农机化技术机具为重点,紧密结合当地农业生产和农机化发展实际,突出特色,精心组织,创新举措,注重实效,加速培养造就一支能操作维修、懂农机农艺、会经营管理的现代新型农机手队伍,为齐河县农机化发展和农业供给侧结构性改革,提供了人才保障和智力支持。农机手实用技术培训的重点为农机操作手、农机维修工、农机社会化服务人员和新购机农民。优先培训农机合作社骨干农机手和有生产能力的贫困户,其中受训贫困人数不低于培训任务总数的20%。培训采取财政补助、对培训对象免费的方式进行。

作为农业技术培训的优质资源,齐河县聘请山农大王振林教授、张吉旺教授等农业专家为县政府农业技术顾问,定期来齐河县举办技术讲座;开办田间课堂,在田间地头进行现场示范指导。县农技人员及时整理技术规范以及病虫害防控信息,以印发《农业简报》、技术明白纸,举办电视讲座等形式传递到农民手中。此外,齐河县组织了60名农技人员成立"讲师团",分赴各乡镇巡回讲课。每年开展培训200多场,培训农民5万多人次,发放绿色增产模式攻关小麦、玉米技术年历等农技资料10万余份。不仅如此,齐河县还以"技术专家牵手农户高产竞赛活动"的形式建立农技专家与种粮能手之间的长期帮带关系。县农业农村局挑选出26名业务能力强、有责任心的中高级农艺师,与各乡镇的100名种粮能手、大户、农场主结成帮扶组,集成推广绿色增产技术,将其培养成技术全面的"乡土绿色专家",发挥其特有的辐射带动能力,提高全县农户科技水平,实现全县粮食绿色稳产、持续增产。

(二)对农业人才引进的财政支持

一是齐河县实施高端人才"兴齐工程",积极支持企业的人才引进工作,立足重大项目、重点企业人才需求,引进顶尖人才团队,在团队建设、经费支持、人才安居等方面给予支持。二是实施产业急需紧缺人才"聚齐工程",鼓励高校、科研院所中的高端人才和高级人才通过兼职、短期服务、项目合作等柔性流动方式在齐河县创业,对取得成果或解决重点企业、重点行业、重点项目重大技术难题的人才,可参照引进人才的政策享受相关待遇。三是实施"百名乡村工匠"培育工程,在农技、农机、种植、养殖、农产品加工、工艺美术、非遗传承等领域,建立乡村工匠人才库。四是大力推进工友创业园创建工作,鼓励各乡镇(街道)结合农村实际,整合建立一批主要面向乡村工匠创业人员的创业孵化基地,搭建乡村工匠创业平台;优化人才服务环境,完善落实高端人才出入境、落户、安居、社会保障、子女入学、配偶安置、家属随迁等政策措施。五是支持和鼓励农民工等人员返乡创业,设立扶持创业专项基金,鼓励自主创业,设立用于返乡创业产业补助、创业补贴和技能培训等专项资金1000万元。

齐河县以大学生、技术人员等群体为重点,积极为农业领军型人才争取个人荣誉、成果奖励,吸引更多人才投身现代农业。实施乡村振兴人才支撑计划,推进新型职业农民培育工程,年培育新型职业农民300人以上,培育各类需求人才1000人以上。加大创业补贴扶持力度,自2019年起,降低一次性创业补贴、创业岗位开发补贴申领门槛,取消社会保险费时限要求,推动小微企业名录系统信息共享,扩大创业补贴受益面;将个人创业担保贷款最高贷款额度由10万元提高到15万元;小微企业当年新招用符合创业担保贷款申请条件的人员数量达到企业现有在职职工人数的25%(超过100人的企业达到15%)并与其签订1年以上劳动合同的,可申请最高不超过300万元的创业担保贷款;完善创业担保贷款激励机制。

三、县级政府培育社会化服务的财政支持

现代农业社会化服务体系的运行机制也必然受到政府相关政策,特别是财政政策的影响。[①] 习近平总书记强调,"中国人的饭碗要牢牢端在自己手里,而且里面应该主要装中国粮"[②],齐河县坚持把健全农业社会化服务体系作为提高粮食生产能力、保障粮食安全,加快实现小农户和现代农业发展有机衔接的重要途径,从队伍建设、服务标准、政策保障三个方面着手,大力培植农业社会化服务组织,不断完善农业产前、产中、产后全方位服务,为推动农业转型升级。齐河县高度重视农业社会化服务体系建设,不断创新体制机制,不断完善农业产前、产中、产后全方位服务,创新了农业生产社会化服务的"齐河模式",为推动农业转型升级、加快推动乡村振兴提供了有力支撑。2019 年全国农业社会化服务工作现场推进会在齐河县召开,获批全国农民专业合作社质量提升整县推进试点县。

(一)社会化服务试点项目:生产托管

近年来,齐河县委、县政府高度重视农业社会化服务,围绕农业产前、产中、产后服务的功能定位,坚持公益性和经营性相结合的原则,着力构建以政府公益性农业服务机构为主体,以农业服务公司、农民合作社、家庭农场、农资经营企业等经营性机构广泛参与的"一主多元"的社会化服务体系,把推进农业社会化服务作为破解当前"谁来种地""如何种好地"等问题的有效措施,实现小农

---

① 卢宇、沈秋彤:《政府主导视角下现代农业社会化服务体系发展研究》,《地方财政研究》2023 年第 10 期。

② 习近平:《论"三农"工作》,中央文献出版社 2022 年版,第 211 页。

户和现代农业发展有效衔接。

从市场主体看,全县各类新型农业经营主体、社会化服务组织 3100 余家,推行"八统一"全链条服务(统一秸秆还田、统一配方施肥、统一深耕作业、统一粮种供应、统一宽幅精播、统一技术服务、统一植保服务、统一收售服务)。粮食综合托管率 91%,年社会化服务面积 900 万亩次,亩均节本增效 300 元以上。齐河县重点培植了农业社会化服务组织 486 家,为农民提供代耕、代播、代防、代灌、农技培训等"四代一培"综合服务,覆盖了种、养、加、储运、农机、中介等各行业和粮食、蔬菜、养殖、林业、水产等产业及所有特色乡村产业,社会化服务面积达到 880 万亩次。其中,病虫害统防统治面积达 480 万亩次,深耕深松、播种、施肥、收割面积 400 万亩次,社会化服务组织农机作业面积占全县农机作业总面积的 85% 以上,专业化统防统治面积达到 60% 以上。

目前,齐河县社会化服务组织的农机保有量达到 4 万台套,其中大中型拖拉机 3.5 万台,小麦、玉米联合收割机 0.4 万台,农机总动力 180 万千瓦,大中小植保机械 0.6 万台套,其中大型罗宾逊 R44 有人喷药直升机 2 架,无人机 123 架,大中型植保机械 6300 台套。2019 年 9 月,齐河县成功举办全国农业社会化服务工作现场推进会。农业生产托管服务项目在齐河县的实施,有力地促进了全县粮食标准化生产和粮食种植机械化、规模化、集约化经营,实现农业增效、农民增收,强力助推乡村振兴战略实施。

从具体项目的任务目标和资金使用情况看,根据上级资金安排,结合生产实际需求,齐河县全县计划完成托管服务 160000 亩。通过广泛宣传发动,服务对象和服务组织双向选择,镇村申报,县级汇总确认,确定全县拟实施生产托管服务面积。探索托管服务新模式。通过实施项目,构建政府引导、农户主体、双向选择、协商定价、长期合作的市场化农业生产托管服务模式,以实施多环节生产托管为主导,以整村推进、集中连片、全程托管为目标,为小农户和规模经营户提供高质量、低成本服务,探索形成能复制、可推广的农业社会化服务模式和项目管理运行机制;培育壮大服务组织。按照统一标准、公开择优、动态管理的原则,建立齐河县农业生产社会化服务主体名录库。通过实施财政补助项目,培育壮大农业生产社会化服务组织,构建起适应现代农业发展需要的生产经营服务体系。

(二)支持各类提供社会化服务的组织

近年来,齐河县全面推行"供销社+国企+乡镇联合社+党支部领办合作社+新型经营主体+农户"的联农带农服务模式,培育农业社会化服务组织486个,综合托管率达到90%以上,农户亩均节本增效300元以上。更关键的是,通过社会化服务,1016个村集体经济收入全部达到10万元以上,13%以上的村突破50万元,实现了村集体、农民、社会化服务组织三方共赢。这些社会化服务组织的成功培育,给粮食生产带来好处,离不开财政的大力支持。

针对不同的服务对象,培育起规模适度、服务多样、覆盖全县、辐射周边的社会化服务组织,建立起4支队伍:围绕种植企业、种粮大户、家庭农场等规模大、需求大的农业经营主体,培育起一支集产、学、研、服务于一体的服务能力强、社会认可度高、运营管理规范的农业服务公司队伍。例如,山东一大型农业服务公司,拥有直升机、无人机、播种机、青贮机等大型机械,业务范围涉及耕、种、管、防、收、售等各个环节,可高质量、高效率完成大面积社会化服务作业,创建了特有的"六统一"服务模式,亩均化肥、农药施用量可减少 25%,利用率提高 40% 以上,实现了化肥、农药减量。

首先是强化政策扶持保障。齐河县出台了《齐河县农业发展奖扶政策》《关于依托农机加快发展农民专业合作社的实施意见》,鼓励农民自愿成立、加入粮食、蔬菜、畜牧等合作社,对被评为市级、省级、国家级示范社的,县里分别给予 5000—20000 元的奖励。目前,全县共登记注册农民专业合作社 1670 家,社员 5 万多人,带动农户 8.5 万户。出台了《关于加快农业社会化服务体系建设的实施意见》等政策,多措并举全力支持农业社会化服务体系建设。对各级示范社中运营规范、带动农户增收明显、助推产业振兴作用突出的予以重奖,合作社以提供生产性服务为主要内容的服务型合作社,年累计服务面积达到 20 万亩次以上的给予 1 元/亩的奖补,最高奖补 20 万元。2019 年《齐河县关于支持农民合作社发展的实施方案》中规定,采取"以奖代补"的形式,对每个验收合格的乡级合作社,县财政给予 30 万—50 万元的奖补资金。齐河县对种粮大户的奖扶政策,对 50 亩以上种粮大户,每亩给予 60 元的补贴,并在农机具补贴、免费供种等方面给予倾斜。

其次是强化项目扶持保障,具体表现为整合涉农项目资金、向新型农业经营主体倾斜、通过政府购买服务方式组织实施。政策对百亩以上种粮大户的农机具购置、粮种选用等方面给予财政补贴。对辐射带动能力强、服务运作规范的社会化服务组织,优先安排实施农业项目。在分配新型职业农民和农村实用人才培训资源时向农民专业合作社负责人、龙头企业从业人、农资营销人员以及种养大户等倾斜,提升其服务水平。近两年来,齐河县已与多个单位共同举办各类培训班 20 多期、培训 1000 多人次,培养了一批适应现代农业发展的社会化服务组织带头人。

在现有项目实施方面,齐河县共计整合高产创建、社会化服务试点县、秸秆精细化全量还田、深耕深松、农机具补贴、小麦"一喷三防"、玉米"一防双减"、重大农作物病虫害防控、统防统治能力建设和县财政补贴资金 5000 多万元推动社会化服务工作开展。着力培植龙头企业,采用外引、内培的方式,培植壮大农业产业化龙头企业,增强企业带动能力,促进农民增收。对新增省级以上龙头企业,县里通过金融平台给予 500 万—1000 万元的过桥资金支持。

在金融服务方面,充分利用鲁担惠农贷平台,给予农民合作社、家庭农场、农机大户等无担保、无抵押贷款担保。作为全省第一批、全市第一家"鲁担惠农贷"试点县,齐河县积极出台试点方案及风险补偿办法,创新推出"农机保"等贷款产品,给予农民合作社、家庭农场、农机大户等每户 10 万—300 万元额度的无担保、无抵押贷款担保,累计办理贷款 118 户、5800 多万元,有效解决了各类社会化服务组织融资难、融资贵等问题。积极改善金融服务,创新推出"农机保"等贷款产品,对全县种粮大户、农民专业合作社、家庭农场、社会化服务组织等主动上门服务,对有贷款需求的及时提供资金支持,截至 2022 年共提供金融贷款 3000 多万元。50 万元左右小额基本都是信用贷款,100 万元大额一般都会追加不动产抵押、重资产抵押或者个人担保。

在人才和技术支持方面,齐河县设立了支持返乡下乡人员创业基金 1000 万元,为社会化服务组织提供了有力技术支撑。本着有知识、有能力、责任心强、热心农业农村公益、服务农业生产的条件,每村遴选一名村级农技网格员,负责本区域的农业技术推广与服务、食品安全生产监管、农药包装废弃物的回收等工作,每人每年 1800 元补助,工作经费每人每年 1000 元由县财政纳入县级预算。

总体来看,齐河县农业社会化服务体系的不断完善,加快了小农户与现代农业发展的有机衔接,实现了节本增效、农业绿色发展和农业收入增加,保障了国家粮食安全,助推了乡村振兴战略实施,实现了"三个收益",即群众收益:农户每年每亩可节约成本 150 元左右;生产收益:2020 年粮食总产 22.16 亿斤,连续 13 年总产保持在 20 亿斤以上;生态收益:通过开展生产托管服务,每亩减少化肥、农药施用量 20%—25%,提高利用率 40% 以上,成功入选第二批国家农业绿色发展先行区。

第二节　县级政府整合各级财政资源的方式方法

一、农业基础设施领域对上级财政项目的整合与长期效应

农业基础设施领域的财政投入主要包括土地平整和地力提升、水利灌溉设施建设两个方面。土地平整和地力提升包括:财政补贴的深耕深松作业、秸秆综合利用、农业节种等具体项目。水利灌溉设施建设包括财政补贴的高效节水灌溉工程、小型水源工程、沟渠衬砌等具体项目。

第一,齐河县整合农机、农业项目资金,每两年对全县百万亩粮田深耕、深松一遍,改善土壤通透性,提升蓄水保肥能力。以 2013 年到 2015 年为例,齐河县整合资金 4000 万元,对全县 100 万

亩粮田进行了深耕深松作业补贴。土地深耕后,土壤的活性会有所增加,土壤中所含的有机质大部分可以被分解利用,还有改善土壤深层处的渗水、蓄水能力的作用,保水保肥能力也能得到了提高。土地深松可以打破坚硬的犁底层,提高土壤通透性,从而增强土壤蓄水保墒和抗旱防涝能力,有利于作物生长发育和提高产量。增加土壤的空隙度,提高土壤的通透性,增强作物根系的呼吸作用,进而提高根系吸收水肥的功能,再施农肥,能有效提高地力。

第二,推行秸秆还田,示范区秸秆还田率100%。增施有机肥、生物菌肥等肥料,提高土壤肥力。2016年,齐河县实施了国家秸秆综合利用试点项目,还探索总结出了秸秆精细化全量深耕还田技术模式。该项目的实施主体是齐河县农业农村局,以2022年为例,大力推进秸秆还田,建设规模总共90000亩,总投资1620万元,其中中央财政支持720万元,自筹900万元。具体实施内容和概算如下:玉米收获及秸秆粉碎,使用粉碎机将秸秆进行初次粉碎,80元每亩,由农户自筹,各乡镇总金额达到720万元;二次粉碎,对秸秆进行二次粉碎至5厘米,20元每亩,由农户自筹,金额180万元;深耕旋耕整地,深耕30厘米后旋耕整平作业,72元每亩,648万元全部由项目补贴;秸秆腐熟剂,每亩撒施腐熟剂4公斤,8元每亩,72万元全部由项目补贴;扶持发展秸秆饲料加工业,建设钢筋混凝土结构的青贮池8614.2立方米,由山东恩泽农牧科技有限公司承建,在齐河县安头乡于徐村旧址建设,中央财政支持84万元,自筹87.5万元,整合2021年中央资金2万元;支持发展秸秆生产有机肥项目,总花费324.23万元,中央财政支持120万元,自筹204.23万元,包括设备及物资购置等;支持发展秸秆基料化产业项目,中央财政支持35万元,自筹37万元,包括粉碎生产设备及附属设备、传输线、铲车等共花费 72 万元;发展秸秆收储体系项目共花费 61.8 万元,中央财政支持 30 万元,自筹 31.8 万元,主要包括购置传输设备和铲车;秸秆还田生态效应监测工作及其成果展示,共花费 16.6 万元,中央财政支持 15 万元,整合 2021 年中央财政资金 1.6 万元。

秸秆综合利用试点项目的实施,取得了明显的经济效益、生态效益和社会效益。在项目实施过程中,农业技术专家积极探索研究秸秆还田技术模式,最终制定了"机械化收获+精细化还田+撒施秸秆腐熟剂+增施尿素+深耕作业+旋耕作业"秸秆精细化全量还田技术路线。

第三,齐河县在农田种植面积相对稳定的情况下推广农业节种,通过减少作物的播种密度或者种植周期,实现单位面积产量的提高和资源利用的优化。农业节种是通过降低作物的播种密度或者缩短种植周期,可以减少耕地、水源、肥料等资源的使用量,从而实现资源利用的节约。从内蒙古购进腐熟羊粪 6000 吨,统一购置 1600 吨控释肥,以物化补贴的形式发放到绿色增产模式攻关核心区,引导农民使用绿色环保高效肥料。在项目区大力推广测土配方施肥技术,加大了配方施肥推广力度,累计推广配方肥 2400 吨,核心示范区亩增施商品有机肥 150 公斤以上,累计推广商品有机肥 10000 吨。播后镇压 26 万亩,占整个项目区的 87%。

二、围绕高标准农田建设的财政集中投入

开展农村土地整治、建设高标准农田是我国重要的战略举措,对保障粮食安全、提高耕地综合生产能力、改善农业生产条件、发展现代农业具有重要意义。高标准农田建设资金需求非常大且集

中,一般的市场化主体是无力承担这笔费用的,尤其是完善农业的基础设施建设,无疑政府的财政支持是至关重要的。但仅仅有资金投入是不够的,资金来源单一和使用分散的问题,也是全国各地财政支持粮食生产面临的困境,解决好这个问题需要政府"开源""节流"以及整合资源,从而达到资金有效投入。

整合资金投入粮食生产在齐河县主要表现在高标准农田建设方面。在齐河县政府2020年高标准农田建设的调研报告中也曾提到,高标准农田建设存在投资分散,综合效益难以解决的问题,后续不断整合资金投入解决了此问题。

齐河县委、县政府始终坚持"农田就是农田,而且必须是良田"的思想,抓牢"耕地"要害,着力实施"藏粮于地"战略,加快高标准农田建设,提升农田基础设施水平。创新性提出了要人给人、要钱给钱、要政策给政策的"三要三给"要求,按照既定规划蓝图整合资源,地毯式推进,阶段式提升。齐河县财政每年拿出1亿元支持和引导粮食生产。按照"稳高、提中、促低"工作方针,不断加大扩张面积的力度,实现了低产变中产、中产变高产、高产向超高产的过渡。

高标准农田建设后,土壤的问题还没完全解决,之前土壤里的化肥、农药残留,需要测量酸碱性,测土配方。虽然不同农田的土壤酸碱度不同,但目前无法做到因地制宜,县里只能统一调配,在提供深耕深松服务时添加腐熟剂(即土壤调理剂)降低酸值。腐熟剂是政府发到村里,村里要求放进去。农户向村里申请,由村一级上报需求量,管区统计上报乡镇,然后直接发放到村里。大部分农户对自己农田的情况很了解,都知道土壤是否需要深松、酸碱度是否需要调节(政府每年对农民都有培训,大户教完再教小户;测土配方的宣传单也会贴在村里的宣传栏里,大家都会看,都会学习)。这是市农业农村局的专项项目,上报需要土壤调理剂的面积有 1.5 万亩左右。以 2022 年为例,齐河县农业农村局向企业采购腐熟剂,共花费 58 万元。

三、绿色发展理念下水利灌溉设施的投入升级

在水利灌溉上,齐河县也是通过不断整合相关的项目,聚拢资金投入,从而达到提高资金使用效率的目的。水利灌溉提升主要包括高效节水灌溉工程、小型水源工程、排水沟道整治、配套建筑物和信息化系统建设等几个方面的投入。

2017 年,为进一步提升粮食综合生产能力,齐河县规划实施了 40 万亩高标准农田提升改造工程,重点实施了 2 万亩水肥一体化项目。电力配套项目和新打机井工程这两个项目都是 2 万亩水肥一体化项目配套工程,位于齐河县 40 万亩高标准农田提升项目的核心区,县财政投资约 4200 万元,采用两种模式,中心支轴式指针机灌溉面积 13000 亩,固定式喷灌面积 7000 亩。目前,已完成规划设计和监理、施工招标工作,施工单位已进场施工,建成高标准(自动化)水肥一体化地块 500 亩。2020 年,县财政拨付 2900多万元,实施了 2 万亩水肥一体化项目,推广节水减肥新技术。水肥一体化项目的实施,更加符合现代农业绿色可持续发展内涵,建成后将项目区实现高标准喷灌全覆盖,灌溉水利用系数为 0.85,显著提高水肥利用效率、提高粮食综合产能,促进农业高效绿色发展、生态可持续发展和国家粮食安全。

齐河县委、县政府也非常重视齐河县的水利建设发展,多次组织专家调研、论证齐河县的水利发展,并组织专家对齐河县的水利

总体布局进行了全面规划,并全方位地给予水利工程建设的资金支持。其中,在 2010—2012 年,项目共计完成投资 11574.01 万元,到位资金 11574.01 万元,其中中央财政资金 4800 万元,省级财政资金 1800 万元、市级财政资金 1120 万元,县级财政资金 1890 万元,群众投劳折资 1964.01 万元。

在项目效益方面,2010—2012 年项目工程实施后,项目区新增、恢复灌溉面积 6.02 万亩,改善灌溉面积 8.58 万亩,项目区水利用系数达到 0.85,多年平均灌溉定额由 280 立方米/亩下降到 212 立方米/亩。年增产粮食 3.35 万吨,年新增经济作物产值 1480 万元,年新增节水能力 924 万立方米,年省工 6.16 万个,节省人工费 271.66 万元,年节能 462 万千瓦·时,节能效益 314.18 万元,节地 1500 亩。

2013 年新增小型农田水利重点县年度实施方案建设内容主要有刘桥乡、祝阿镇、华店乡、安头乡高效节水灌溉工程,面积 2.9 万亩,全部是井灌区管道输水灌溉工程。2014 年度高效节水灌溉试点县项目实施方案建设内容主要有高效节水灌溉工程和小型水源工程。2015 年度高效节水灌溉试点县项目实施方案建设内容主要有:机井提水管道输水灌溉工程,项目区位于赵官镇、胡官镇,面积 2.85 万亩,2015 年度齐河县项目批复总投资 2900.75 万元,其中中央财政资金 1500 万元,省财政资金 800 万元,市财政资金 230 万元,县财政资金 300 万元,农民投劳折资 70.75 万元。

在项目效益方面,2013—2015 年齐河县小型农田水利重点县项目完成运行后,项目区 8.61 万亩耕地实现年新增供水能力 1056.3 万立方米,恢复新增和改善灌溉面积 8.62 万亩,恢复和新增灌溉面积 3.38 万亩,改善灌溉面积 5.24 万亩,年新增节水能力

603.2万立方米,年新增粮食生产能力1.66万吨,年新增经济作物产值606.9万元,项目区受益农民年人均增收280元。项目实施前,项目区粮食(小麦、玉米)单产分别为436.8公斤/亩、511.2公斤/亩,项目实施后粮食可增产20%以上,亩单产分别增加110公斤、90公斤,项目区的国民经济净现值为5906万元,经济内部收益率为26.4%,经济效益费用比达1.45。

在此基础上,2016年5月齐河县实施了30万亩高标准农田提升改造工程。县财政投资1亿元,重点用于打造提升核心区基础设施的承载能力和社会化服务水平,涉及焦庙、刘桥、祝阿、胡官屯4个乡镇190个村庄,交通、水务、电力等部门分别承担各项建设任务。同年12月工程竣工,总共新建桥涵197座,新打机井786眼,硬化水泥道路83.42千米,同时完善提升了电路安装和沟渠衬砌,新增灌溉面积17.08万亩,改善灌溉面积12.92万亩。2021年,齐河县共安排财政资金8563万元,支持高标准农田建设,改善农业生产基础条件。

第三节 提升粮食生产财政资金使用效率的有效途径

一、技术园区与先进个人的打造与示范作用

国家高度重视对粮食生产的支持,财政部、农业农村部联合印发通知,对2021年中央财政支持粮食生产的"一揽子"政策进行全面部署,统筹加大对粮食生产的支持力度。其中提到要优化粮食产业结构,延伸粮食产业链条。支持粮食主产区创建5个粮

国家现代农业产业园和 5 个粮食产业集群。齐河县政府为提高农业综合生产能力,举全县之力打造国家现代农业产业园,建设"一心一区一带一基地",努力将园区建设成为国内先进、世界一流的现代农业产业园。同时,全力实施优质粮种繁育、粮食创建、农业龙头企业招引、产业链条延伸工程,全面提升粮食综合效益,持续促进农业增效、农民增收,为齐河县现代农业高质量发展注入更加强劲的动力,打造乡村振兴齐鲁样板的标杆典范。

在财政支持上,各级政府支农资金向园区倾斜,引导各类金融和社会资金参与现代农业园区建设,现代农业园区融资难问题得到了有效缓解。为现代农业园区及龙头企业、合作社等争取财政、税收、贸易等方面的政策,采取贴息、补助、担保、降费等形式对贷款项目进行支持。撬动金融资本和社会资本投资现代农业园区,逐步形成以政府投入为主导,企业投入为主体,银行贷款为支撑,社会筹资、引进外资为补充的多渠道投融资机制。根据建设项目不同类型,确定筹资比例。2021 年,齐河县省级现代农业产业园创建总投资 9050 万元,其中,省财政奖补资金 3000 万元,占总投资的 20%,实施主体自筹资金 6050 万元,占总投资的 66.85%。

2019 年齐河县政府列支 4614.81 万元专项资金,用于产业园设施提升、相关技术研发等相关工作开展。对市级以上重点龙头企业和各类产业化经营组织开展的仓储、保鲜、加工、配送设施建设和企业技术改造等贷款,按一定比例给予财政贴息。对从事种植及服务项目,给予免征或减征企业所得税。对农业龙头企业与农户建立的风险保险金,政府给予一定补助。对当年认定的国家级、省级农业产业化龙头企业,县财政给予奖励。对新认定的省级农业科技企业、农业企业研发中心,每个给予 5 万元的奖励。对列入国家级、省级农业科技成果转化项目,给予配套支持。对新认定的市级以上农业科技示范基地,给予 10 万元的资金补助。鼓励和支持产业园内产业化龙头企业和合作社开展绿色有机、原产地申请认证和注册商标、地理标志商标注册,培育打响特色品牌,加快交易中心建设,支持发展网上交易,提高市场占有率,优先享受有关优惠和奖励政策。

齐河县成立了"鲁担惠农贷"齐河办事处,为产业园新型农业经营主体提供低息贷款服务,种粮大户每亩贷款额度 1400 元,种植粮种每亩 1680 元;降低保费标准,按 0.5%—0.75% 收取;简化担保手续,贷款 50 万元以下的种粮大户,可凭信用办理,不需要其他反担保措施。截至 2022 年,全县累计为 1516 户农业经营主体提供担保贷款 8.9 亿元,获得省财政贴息 2600 多万元。其中 2022 年新增贷款业务 949 户,担保贷款金额 5.7 亿元。

重点项目主要的建设内容及奖补资金使用具体情况如下:(1)产业融合与精深加工物流建设项目,设计总投资 2800 万元,有 3 个重点建设子项目:优质小麦胚芽油功能性食品生产加工项目,投资总金额 1000 万元,其中省财政以奖代补资金 200 万元;小麦功能性食品生产深加工项目,投资 800 万元,其中省财政以奖代补资金 200 万元;粮食收储服务平台建设项目,投资 1000 万元,通过以奖代补形式补助省财政资金 200 万元。(2)农业科技创新与综合服务建设,总投资 4400 万元,主要建设子项目 2 个:小麦功能性科技研发中心建设项目,项目总投资 1800 万元,通过以奖代补形式补助省财政资金 600 万元;产业园信息化及农产品质量监管追溯平台建设,项目计划投资 2600 万元,通过以奖代补形式补助省财政资金 1000 万元。(3)农业经营体制创新与品牌创建项目,总投资 1850 万元,建设 2 个子项目:创新土地流转试点项目,计划总投资 650 万元。通过以奖代补形式补助 200 万元,省财政资金主要用于土地流转平台建设补助;农业品牌创建与管理中心建设项目,投资 1200 万元,通过以奖代补形式补助省财政资金 600 万元。

　　齐河县为顺利推动"吨半粮"生产能力建设深入开展,组织实施了粮王大赛的活动,每年拿出 110 万元开展粮王大赛活动,让种粮不仅有收益还有荣誉,进一步激发农民的种粮热情。粮王大赛由县农业农村局、县融媒体中心主办,齐源集团承办,大赛按照"夏秋两季评比"的原则来组织实施,评选全年粮王 15 名,夏秋两季种粮能手各 100 名,全年种粮能手 100 名。粮王大赛分两个层次来开展,一是全县各乡镇都要组织开展本乡镇的"粮王大赛"活动,分季节遴选本乡镇具有冲击全县粮王潜力的农户,参加县级粮王大赛评选。二是县农业农村局要组织开展全县的"粮王大赛"活动。要组织农业专家对各乡镇推荐的参赛农户进行全程技术指导,并组织专家公平、公开、公正地进行测产,分季节遴选出具有冲击全市粮王潜力的种植户参加市级粮王大赛评选,接受市农业农村局组织专家开展的夏秋两季实打测产评选。根据夏秋两季测产结果,评选出全县粮王 15 名,种粮能手 100 名,进行隆重表彰奖励。根据夏秋两季产量结果,按照单产排序,前 15 名授予齐河县"粮王"荣誉称号,第一名授予德州市年度"粮王"荣誉称号,前 100 名授予齐河县年度"种粮能手"荣誉称号,颁发"齐源绿季杯"。粮王大赛活动结束后,组委会将择期举行颁奖典礼,统一进行隆重表彰奖励,对获奖种植户和组织单位颁发奖品和证书,重复奖项发最高价值奖品。从效果上来看,开展粮王大赛,能够把实用的单项技术进行组装、集成、配套,实现从"单项冠军"向"全能冠军"的转变;能够把高产创建成熟的技术措施更加有效快捷地普及推广到群众中间;能够实现高产与高效的有机结合,激发广大农民种粮积极性。本着全民动手、全社会参与,科学谋划、统筹协调,县乡两级联创,"乡有乡粮王、县有县粮王"的工作思路,层层选拔、优中选优,评选全年粮王,形成"比学赶帮超"良好局面,推动全县"吨半粮"生产能力建设深入开展。

二、加强重大灾情防控的人力、物力投入

小麦条锈病俗称黄疸、黄锈,因发病部位产生铁锈色的粉疱,后期表皮破裂,出现锈褐色粉状物而得名,分条锈病、秆锈病、叶锈病三种,主要危害部位以叶片为主,叶鞘、茎秆及穗部也可受害。小麦条锈病一旦控制不及时,损失极大,主要是影响小麦光合作用,导致小麦后期灌浆不足,造成减产。在大流行年份可减产50%,严重者绝产。因此,早发现、早防治是防治条锈病的关键,见病治病,全面落实"发现一点、防治一片,发现一片、防治全田"的预防控制措施,及时封锁发病中心,控制蔓延危害。

(一)乡镇防治领导小组

2020 年,齐河县发生小麦条锈病灾情,当即安排部署防治工作,启动了小麦条锈病应急防控绿色通道,将救灾资金、物资及相关政策直接送达乡镇,由乡镇组织统筹实施,各乡镇成立防治领导小组,排出防治时间表,绘制飞防轨迹图,做到镇不漏村、村不漏田,确保按时高质量完成防治任务。县级整合各类资金 761 万元,发放防灾物资 12 吨,各乡镇(街道)自筹资金 1500 万元,与 11 家

服务能力较强的社会化服务合作社签订合作协议,统筹济南、济宁、临邑等地中型直升机 8 架、各类无人机 180 多架,迅速参与到统防统治工作中,在全市率先完成全县 109 万亩小麦统防统治全覆盖。服务主体在县、镇的统一安排下,加班加点、轮班作业,完成飞防、机防 30 万亩(次),避免了小麦条锈病等病虫害蔓延,为夏粮稳产增收打下了坚实的基础。次月启动第 2 遍统防统治工作。还建立了上报奖励机制,鼓励动员农民群众"护自家田、看邻家田、上报有奖",凡是确认上报非自家农田有病害的,经驻乡镇(街道)防控技术指导组核实后,给予 100 元奖励,在县电视台公布了上报电话,激发群众参与病情防控积极性。2021 年,齐河县受到非常大的秋汛灾害,玉米机收不了,为了激励老百姓尽快收获玉米,要求在 10 月 15 日之前全部收完,县财政拿出资金来给老百姓发补贴,进行玉米抢收。

(二)固定观测试验站建设

长期固定观测试验站,采用物联网监测、农户调查统计等方式,对农业生产过程中化肥、农药等资源投入,农产品产量与质量,产地环境状况变化等内容进行长期、连续、稳定的调查监测,找到农业资源投入与农产品绿色产出间的最佳平衡点,总结适合当地生态类型与农产品品种的绿色生产模式,为更大范围内示范推广提供科学依据和技术支撑。建设国家农业绿色发展先行区固定观测试验站大数据平台,对科学指导先行区观测试验站建设、进行农业绿色发展原始数据采集汇交、规范管理观测试验数据具有重要意义,也是各级农业农村部门全面掌握农业绿色发展现状、加强绿色发展成效监测评估、提升管理数字化水平的重要手段,需要提前谋划、统筹安排、有序推进。

为确保观测试验站成功建设运行,齐河县积极调动各方面优势资源,为试验站建设工作奠定坚实的基础。组建了具备长效工作机制的观测站,与农业农村部环境保护科研监测所、山东省农科院签订战略合作协议,分别在固定观测试验站建设试验基地,开展具体工作,由绿色种养生态循环技术工作组负责日常工作,协助专家团队开展固定观测试验站建设、采样、田间管理及数据汇总等工作。同时,有设备、有试验用地,依托国有企业齐河县旗鲁生态农业有限公司开展固定观测试验站建设,落实试验用地 1000 亩、检测实验室 2000 平方米;常规检测任务由齐河县城市经营建设投资有限公司承担,该公司化验、检测配套设施及检测技术完善,能够满足试验站常规检测任务。围绕构建绿色政策体系,积极稳定农业绿色发展投入机制。整合资金 560 万元,用于固定观测试验站前期准备工作;积极推进以绿色生态为导向的补贴制度,目前正在制定绿色防控等技术模式的支持、补贴措施。为做好观测试验站建设工作,整合资金中 320 万元用于试验站区域内水肥一体化、集约化生态农田建设,240 万元用于开展试验站建设准备工作,以保障试验站顺利建设及后期相关任务的完成。齐河县城市经营建设投资有限公司由齐河县财政局投资,建有气象、土壤、水肥、农药、微量元素等检测试验室,且配套设施设备及检测技术完善,配有专业检测人员,经验丰富,能够满足试验站常规检测任务。

三、各项财政资金安全使用的监督管理

财政资金对粮食生产起着至关重要的作用,它是推动农业发展、提高粮食综合生产能力的关键因素。首先,财政资金可以用于

完善农业基础设施,例如修建水利设施、提高农田质量、建设农田保护区等,这些都能有效提高粮食生产效率和产量。其次,财政资金可以用于更新农业技术,包括推广优良品种,使用高效化肥、农药,采用现代化农业机械等,这些都能促进农业生产技术进步,进一步提高粮食产量。最后,财政资金还可以用于扶持社会主体,例如农民合作社、家庭农场、农业企业等,这些社会主体是粮食生产的主力军,财政资金的支持能够帮助他们扩大生产规模,提高生产效率,从而增加粮食产量。

齐河县在资金使用方面也有一些具体的监督管理措施,除此之外,在拨付资金前,齐河县还非常注重项目验收的环节,严格检验项目的质量和水平,保证资金的使用安全有效。

(一)水利工程建设资金监督管理

水利工程建设往往涉及比较大的金额,必须严格进行资金监管从而保证财政资金使用的安全性,确保资金用于实际的支出,才能落到提高粮食综合生产能力的实处。齐河县尤其重视资金的监督管理。首先,对农业专项资金,设立专门的账户、独立核算和专门管理人员,实现封闭运行。建立了一套完善的内部控制制度,对资金的申请、审批、拨付、使用、报销等环节进行全程监控,确保资金运行的安全、合规和有效。其次,实施公示制度是提高资金使用透明度的重要手段。在财政报账前,将项目建设内容、工程量、资金支出等关键信息在项目所在地村、乡(镇)进行张榜公示,接受社会公众的监督。这不仅提高了资金使用的透明度,还可以借助社会公众的力量,预防和纠正资金使用中的违规行为。最后,合理安排农业专项资金是提高资金使用效益的关键。齐河县遵循"统筹规划、适当集中、突出重点、注重效益"的原则,对农业专项资金进行合理安排。对农业专项资金进行科学规划,明确资金支持的重点领域和优先顺序,同时,对资金进行集中管理,从而提高了资金的使用效率。在此基础上,齐河县在验收环节,还会对资金使用效果进行评估,以判断资金使用是否达到预期目标,从而为下一阶段的资金决策提供依据。

(二)社会化服务资金监督管理

中央财政持续支持农业生产过程及其社会化服务发展,各地探索形成了农业生产托管等直接或间接服务农户和农业生产的多种有效形式,带动适度规模经营,引领小农户对接现代农业,对解决"谁来种地""怎样种地"等问题发挥了至关重要的作用。对农业生产过程及其社会化服务财政补助资金进行监督管理,其目的是推动党中央、国务院决策部署落地见效,确保有限的财政资金能够真正发挥提高农业生产效率、促进现代农业发展的重要引导作用,进一步增强粮食和重要农产品供给能力,保障国家粮食安全。[1]

齐河县在社会化服务方面的资金监督上也非常严格,各个乡镇坚持强化资金监管,等到验收合格后再及时支付项目资金,防止出现违规违纪行为。农业农村部门会同审计部门全程跟踪审计,加大资金的审计监督力度,保障资金专款专用。

以齐河县的托管服务项目为例:托管服务项目覆盖作物为小麦和玉米,涉及全县 15 个乡镇(街道)1016 个村,计划托管服务面

---

[1]　王云鹏、邓蒲洋:《农业生产社会化服务政策执行及相关资金审计思路》,《审计观察》2023 年第 11 期。

积 150000 亩(以签订合同最终落实服务面积并验收通过为准),其中,服务小农户面积和补助资金不少于 60%,服务规模经营户(50 亩以上)面积和补助资金不超过 40%。补助环节涵盖"三夏"生产,突出服务对象的主体地位,因地制宜确定服务环节。根据县农业生产实际和专家组意见,从"小麦收割、小麦运箱、玉米单粒精播、玉米控释肥、玉米苗后除草、玉米化控"+"病虫害防治"7 个环节中至少选取几个关键环节、薄弱领域作为托管服务的内容,具体由各服务组织和服务对象充分协商,选择符合当地农作物生产实际需求的关键环节,纳入项目补助范围。已通过其他财政资金补助的生产环节,不纳入该项目补助范围。选定服务环节后,如有其他财政资金支农项目与本项目托管环节重复,服务组织与服务对象协商后,可将该环节从本项目服务内容中去除,避免重复、多头补贴。同时,可在可选环节范围内再选择其他环节,补充为本项目服务内容。另外,提倡服务组织根据服务对象的实际需要,提供个性化服务(不纳入项目实施内容)。2021 年,齐河县安排了中央财政补助农业生产社会化服务资金 700 万元。按照政策要求,财政补助金额占全部服务价格的比例不超过 30%,经测算,托管服务的财政补助标准暂定小农户上限 43.5 元每亩、规模户上限 39 元每亩;补助资金用于双方协商确定的多环节整体补助,不对单环节进行补助;对单个服务对象财政补助资金上限为 50000 元,如最终通过的验收面积减少,剩余补助资金结转第二批资金项目使用。采取差额补助方式,服务组织按照合同约定的服务价格,扣除财政补助部分,向服务对象收取差额价款。验收完成后,参考服务对象交纳服务费(扣除财政补助部分)情况,将补助资金直接打入服务组织银行账户,最终实现小农户和规模经营户受益。

　　财政资金监管是地方财政部门的主要职责之一。[①] 从实践看,财政资金的争取已经十分不易,如果不加强对资金使用的监督管理,可能会出现资金被挤占、挪用和滥用的情况,这不仅会导致财政资金的浪费,也会影响到粮食生产的稳定和持续。因此,必须建立健全财政资金监管制度,实行严格的资金使用审批制度,加强资金使用的审计和监督,对发现的问题及时进行整改,确保财政资金的安全、合规、有效使用。

---

　　① 乾美:《乡镇财政资金监管问题及策略探究——以湖北省 X 乡为例》,《财政监督》2023年第 22 期。

第六章　有为政府推进粮食
生产的县域成果

　　齐河县政府通过从上至下统一而有力的执行机制,实现了粮食生产相关政策的一致性和连贯性。齐河县抓住绿色发展机遇,积极探索绿色发展模式,持续推进粮食绿色高效创建。以 80 万亩绿色高质高效农田示范区为平台,集成创新、示范和推广各类粮食绿色生产技术,引导建立标准化的社会化服务,并从产供销全产业链打造,促进"六化"融合,逐步形成了一条以科技创新为支撑、绿色发展为驱动、循环模式为重点、品牌强农为抓手、政策扶持为引导的农业绿色发展新路径,将绿色发展贯穿于农业发展的全过程。一方面,实现了"产粮大县"的建构之路;另一方面,打造"绿色高质"强县,高效地整合全县资源,通过统一制定和执行相关标准,确保全县农业生产的绿色化和高质量发展。

第一节　粮食生产能力高效稳步提升

　　为进一步提升粮食生产能力,齐河县从 2021 年秋开始按照

"因地制宜、科学规划、以点带面、梯次推进"的工作思路,分区域、分步骤实施"吨半粮"生产能力建设工作(2021—2026年)。同时,齐河县以"吨半粮"创建为抓手,以绿色化、优质化、智慧化、产业化为特色,加强资源整合,加大资金投入,加快完善基础设施条件,改善粮食生产环境,集成推广绿色高产高效生产技术,构建节水、减肥、减药增粮增效技术模式,推动农机农艺有效融合,挖掘粮食产能,提升粮食安全保障能力,推动粮食产业高质量发展,努力把"吨半粮"创建区打造成全国粮食绿色高产高效发展样板。

政府主导下的粮食生产能力整合提升可以更高效地利用土地和水资源,降低生产成本,提高抵御自然灾害和市场波动的能力,同时促进农业科技的创新和应用,提升农产品的质量和安全水平,构建完整的产业链,为农民带来更高的收入,实现农业的可持续发展,维护农村社会的稳定。

从创新实践来看,齐河县主要从三个重要方面做了努力,即高标准农田建设、技术集成和标准化的社会化服务。

一、粮食生产条件大幅改善与技术高效集成

(一)粮食生产条件的改善

高标准农田是指在划定的基本农田保护区范围内,建成集中连片、设施配套、高产稳产、生态良好、抗灾能力强、与现代农业生产和经营方式相适应的高标准基本农田。这是党中央和国务院耕地保护和地力提升的重要抓手。随着人口的增长和经济的发展,粮食安全已成为我国面临的重大挑战。为了提高粮食产量,保障国家粮食安全,高标准农田建设应运而生。总的来说,高标准农田

建设将从下述四个方面改善我国的农业生产条件：

一是通过改善农田基础设施条件，为农作物生长创造了良好的环境。具体来说，高标准农田建设包括土地平整、水利设施完善、田间道路硬化等多个方面。这些措施不仅有利于提高水资源利用效率，还能有效防止水土流失，改善土壤结构，为农作物生长提供充足的养分和水分。

二是通过推广先进的农业技术和装备，提高了农业生产的科技含量。在高标准农田建设过程中，农民可以接触到更多的先进农业技术和装备，如高效节水灌溉技术、病虫害综合防治技术等。这些新技术和新装备的应用，可以显著提高农作物的抗逆性和产量，进一步提升粮食生产能力。

三是通过优化农业产业结构，实现农业的可持续发展。通过高标准农田建设，可以将一些不适宜种植粮食的低产田、丘陵地等改造成高产稳产的良田，从而增加粮食种植面积。同时，高标准农田也有利于发展设施农业、生态农业等新型农业形态，进一步提高农业综合效益。

四是通过投入大量的资金和劳动力，带动农村经济的发展。在高标准农田建设过程中，农民可以通过参与土地平整、水利设施建设等方式获得收入，增加农民收入水平。此外，高标准农田建设还会促进农机具、农药等农资市场的发展，进一步拉动农村经济的增长。

自2004年中央一号文件提出建设高标准基本农田之后，中央陆续作出部署。2011年开始，我国明确了"五牛下田""五牛合力""一家统管"的三阶段建设策略。2012年3月，国务院批准《全国土地整治规则（2011—2015年）》，提出于"十二五"期间再建设

4亿亩高标准农田。2013年10月,国务院批复了国家发展改革委员会同有关部门编制的《全国高标准农田建设总体规划》,提出到2020年建成8亿亩旱涝保收的高标准农田。2018年,农业农村部开始全面指导全国高标准农田建设工作,实行集中统一管理体制,结束了早期分散管理的局面。并于2019年相继出台《国务院办公厅关于切实加强高标准农田建设提升国家粮食安全保障能力的意见》《全国高标准农田建设规划(2021—2030年)》《高标准农田建设通则》等文件,进一步推动农田的标准化建设。在这一过程下,齐河县紧跟中央步伐,于2016年开始实施30万亩高标准农田提升改造工程,重点用于打造提升核心区基础设施的承载能力(包括桥涵、机井、硬化水泥道路、电路、沟渠等)和社会化服务水平。2017年,为进一步提升粮食综合生产能力,齐河县又规划实施了40万高标准农田提升改造工程,重点实施了2万亩水肥一体化项目。截至2022年,齐河县建成高标准农田20.3万亩,按照齐河县的整体规划,2023年已进一步建成19.6万亩,实现高标准农田全覆盖。这一过程中,为完善农田水利基础设施,确保基础设施发挥长期效益,齐河县主要从以下几个方面进行了努力:

其一,统筹规划,科学布局。在高标准农田建设过程中,齐河县邀请专家科学制定整县推进建设规划,坚持按灌区、流域和区域整体规划,采取"集中力量、重点投入、综合施策、连片开发"的治理方式和开发原则,确定建设重点区域,优先选择水土资源条件好、开发潜力大、配套能力强、干部群众积极性高的地方,打造高标准农田建设示范工程;同时,以财政资金为杠杆引导和统筹各类涉农资源(包括信贷资金、民间资本等),多渠道支持高标准农田整县推进创建工作。

其二,改善粮食生产条件。齐河县通过实施高标准农田项目,不断完善沟、桥、路、渠、涵、井、林、电等基础设施,巩固提升粮食生产能力。在水利条件方面,齐河县坚持"以井保丰,以河补源"的灌溉理念,在对各类水利技术论证和征求当地群众的基础上,确立"机井+低压管道"灌溉模式,还引黄补源,在黄灌区开展农业节水项目建设,对引黄灌溉骨干工程系统进行治理,对那些功能不完备的田间灌排沟渠及建筑物等进行治理、配套路边林网减少水土流失、新建水泵站等。同时,大力推广节水灌溉。因地制宜推广普及高效节水灌溉技术和设备,因地制宜地推行水肥一体化智能设备,提高用水效率。在田间生产设施方面,齐河不断新建机耕道、修建排水沟及配套建筑物,并加强对农田基础设施的管理和维护,实行片区负责制,及时管护与维修,确保工程设施长期发挥效益。

其三,改良土壤,提升地力。齐河县积极推动土壤改良工程,通过秸秆还田、土壤深耕、增施有机肥、平衡施肥等措施提升耕地地力;同时,推进土壤墒情及病虫害监测工程,对齐县河的小麦和玉米进行农作物病虫害实行统防统治,喷洒农药,建设土壤墒情监测站点30处,农作物病虫害监测与控制信息平台1处。一是深耕深翻。齐河县大力推广深翻耕技术,通过深翻耕,打破犁底层,增加耕作层厚度,增强土壤蓄水保墒和抗旱防涝能力,从实际操作来看,一般耕深25厘米以上,每隔2年耕翻一次。二是秸秆还田。为提高土壤有机质含量,齐河县全面推行秸秆还田,并通过增施有机肥等方式来改良土壤结构、提高肥力,确保养分供应充足,核心区土壤有机质含量达到1.5%以上。三是全面推广先进施肥技术,因地制宜推广应用配方精准施肥、种肥同播、三维施肥等技术,提高肥料利用效率,以产定肥,确保创建区内测土配方施肥率100%。

(二)粮食生产技术的集成

在现代农业生产中,技术集成是实现提效增质的关键手段。随着科技的不断进步,各种先进的农业技术层出不穷,如生物技术、信息技术、农业机械化技术等。这些技术各自都有其独特的优势和应用场景,但往往存在一定的局限性,难以单独解决农业生产中的所有问题。因此,我们需要通过技术集成,将这些优势互补的技术有机结合起来,形成一套完整的技术体系。

技术集成可以充分发挥各种技术的优势,弥补单一技术的不足。例如,在作物生产中,我们可以将生物技术用于培育抗病抗逆性强的优良品种,提高作物的产量和品质;同时,利用信息技术进行精准农业管理,实现水肥一体化等精细化管理,进一步提高资源利用效率。通过这些技术的集成应用,我们可以在保证产量的同时,提高农产品的品质,满足市场对高品质农产品的需求。

此外,技术集成还有助于推动农业生产的绿色发展。在当前社会,人们对食品安全和环境保护的关注度越来越高,绿色、有机、无公害的农产品越来越受到消费者的青睐。通过技术集成,我们可以实现病虫害的生物防治,减少化学农药的使用量,降低对环境的污染;同时,采用科学的施肥和灌溉技术,实现资源的高效利用,减少对环境的破坏。这些措施都有助于推动农业生产向绿色、环保、可持续的方向发展。

总体而言,技术集成能够有效克服单一技术的局限性,实现多种技术的优势互补;可以提高农业生产的效率和产品质量,满足市场需求;同时,还可以推动农业生产的绿色发展,实现经济效益和生态效益的"双赢"。齐河县深知上述原理,在"吨半粮"创建过程中,其十分重视农业各生产环节技术的研发,并积极推广诸如土壤改良、减种、减肥、减药等绿色高产高效的技术模式,以提升农业生产的整体效率。

首先,提升育种技术。种子是"农业的芯片",齐河县充分发挥其小麦良种繁育基础好的优势,积极培育新品种,探索良种良法配套,加快品种更新换代,努力推动育、繁、推一体化。在这一思路的指导下,其推动"科企"联合,加快优良品种选育引进。一是开展品种筛选、评价工作。齐河县设立"吨半粮"生产能力建设高产多抗品种筛选示范区,建立以齐河县国家农作物新品种区域试验站为核心的品种试验示范评价推广体系,开展新品种展示示范和评价鉴定,筛选出一批适宜当地栽培的高产、优质、多抗品种。[①]二是加强良种繁育基地建设。齐河县积极推进繁种基地建设,新建或改造升级一批农作物良种繁育基地,提升基地配套设施、技术和治理水平,并推动繁种基地建设与高标准农田建设、现代农业产业园、田园综合体、科技专项资金等深度融合,保障良种供给。三是全力提高种子质量。适时组织开展田间检验,加强品种真实性、隔离情况和检疫性病害检查,督促企业加强去杂去劣工作,从源头上保证种子质量。实行种子精选分级,提高用种质量标准,确保使用优质良种,促进苗齐苗壮。大力推广普及种子包衣技术,优良品种包衣率达到100%。开展种子质量监督抽查,严把种子质量关,良种质量合格率达到100%。四是全县小麦统一供种。继续组织开展全县小麦统一供种,确保供种面积100万亩以上,良种覆盖率达到100%。

---

① 齐河县政府文件:《齐河县农业农村局关于"吨半粮"生产能力建设实施方案(2022)》(内部资料)。

其次,调整农机使用结构。齐河县积极调整农机使用结构,发展大型、智能联合作业机械,主攻薄弱环节机械化、强化农机依法管理,加强农机农艺融合,培育发展主体,建设人才队伍,加快提高农机装备水平、作业水平、科技水平。在这一背景下,齐河县实施现代农机装备提升工程。一是提升农机装备水平。发展大型动力机械、联合作业机械等适应现代农业发展的先进农机,夯实粮食生产机械化保障能力。[①] 齐河县在中央农机购置补贴政策下,结合其县域农业发展实际,制定了《齐河县"吨半粮"建设农机设备更新补贴意见》,合理确定补贴对象,加大对种粮大户、农机大户和农机服务组织的支持力度,并适度向粮食主产区、"吨半粮"创建核心乡镇,以及农民专业合作社等倾斜,逐步建立以财政资金为引导,农民和农业经营服务组织投资为主体,社会力量广泛参与的多元化投入机制。同时,将农机购置补贴工作与农机报废更新工作、农机装备结构布局优化工作紧密结合,优先补贴报废更新农机具,研究以旧换新办法,加快淘汰耗能高、污染重、安全性差的老旧农机,促进安全、节能、环保的农机推广应用。二是推动农机装备智能化。齐河县充分利用大数据、物联网等,实现农机装备精准作业,推动农机化向全程全面、高质高效发展,粮食生产全程机械化率达到100%。三是加大农机农艺结合力度。通过小麦播前机械化精细整地、播前镇压、播后镇压、精播半精播,玉米苗带灭茬直播、玉米种肥同播等,减少用工成本,解决缺苗断垄、出苗整齐度差等问题,真正实现农机农艺有效结合。四是机械化地力提升。在农机更新换代的基础上,齐河县致力于机械化地力提升工程,其以

---

① 齐河县政府文件:《齐河县农业农村局 关于"吨半粮"生产能力建设实施方案(2022)》(内部资料)。

国家水土资源保护工程、主要农作物生产全程机械化推进计划和其他惠农项目实施为契机,加快推广应用深松整地、保护性耕作、定位施肥、秸秆还田、残膜回收等绿色增产机械化技术,培肥改善地力。①

最后,实施科技服务提升工程。齐河县加强与山东省农科院、山东农业大学、青岛农业大学等高校科研院所的科技合作,通过搭建科技平台、招才引智、联合攻关、成果转化等方式来聚焦当地种业、农技和农业社会化服务等关键领域,提升创新能力。同时,建立和完善农技推广服务体系。为了提升农民技术水平,将良种、良法、良技送到田间地头,齐河县成立了61人的县级农技专家库,规范15个乡镇农技推广站和197个村级农业综合服务站,每乡镇配备不低于10人的农技推广队伍,每个村选择10个科技示范户②,形成了县—乡—村三级农技推广服务体系。此外,齐河县还定期聘请山东省农科院、山东农业大学等专家担任技术顾问,定期举办技术讲座,对粮农进行技术指导和培训,提高农民种粮的科学性和积极性。

二、社会化服务体系标准化水平的全面提升

健全的社会化服务体系是促进农民增收的有效途径,也是使小农户和现代农业顺利衔接,推动农业绿色、生态和高效发展的重要途径。提升粮食生产能力,构建标准化的社会化服务体系是关键所在。这是因为,随着农业现代化的加速推进,单纯依靠传统的

---

① 齐河县政府文件:《齐河县农业农村局 关于"吨半粮"生产能力建设实施方案(2022)》(内部资料)。

② 齐河县政府文件:《开展绿色高质高效创建,深入推进粮食产业提档升级》(内部资料)。

家庭分散经营模式已难以满足高效、环保、可持续的粮食生产需求。而构建这样的服务体系,首先能够实现农业生产服务的规模化、专业化和市场化,使农民能够享受到更加专业、高效的农业生产服务,从而提高整体的农业生产效率。

具体来说,标准化的服务体系可以涵盖种子供应、病虫害防治、田间管理、收割加工等多个环节,通过制定统一的服务标准和操作规范,确保每个环节都能得到科学、规范的管理和控制。这样不仅可以有效提高农业生产的技术水平,而且可以降低生产风险,增加农民的收入预期,从而激发他们的生产积极性。

同时,构建标准化的社会化服务体系还可以促进农业生产的信息化和智能化。通过引入物联网、大数据等先进技术,可以实现对农田环境的实时监测和精准调控,为农作物提供最佳的生长条件,进一步提高粮食产量和品质。此外,信息化还可以帮助农民更好地掌握市场信息,合理安排农业生产,提高农产品的市场竞争力。

再次,标准化的服务体系还有助于优化资源配置,实现农业生产的可持续发展。通过集中提供服务,可以减少对资源的重复投入和浪费,提高资源利用效率。同时,可以推广节水灌溉、生物防治等环保技术,减少对化肥、农药的依赖,减轻对环境的压力,实现经济效益和生态效益的"双赢"。

最后,构建标准化的社会化服务体系还可以促进农村社会的和谐稳定。随着农业生产服务的社会化,农民可以从繁重的体力劳动中解脱出来,参与到更多有意义的社会活动中去,这有助于提高农民的生活质量,促进农村社会的全面进步。

由此,构建标准化的社会化服务体系对提升粮食生产能力具有重大而深远的影响,它不仅是实现农业现代化的必然要求,也是推动农村经济社会全面发展的重要途径。

在很多地方都推行社会化服务的时候,齐河县已经在服务标准上走在了前列。2023年,为进一步规范县域社会化服务,发展和壮大农业社会化服务体系,齐河县率先制定《齐河县农业生产社会化服务规范指导意见(试行)》,规定了社会化服务的标准,规范规定了农业生产托管服务的基本原则、服务组织、服务方式和服务要求等,试图推动农业专业化、标准化、集约化、产业化水平。

首先,培育壮大农业社会化服务组织。齐河县加快发展"一站式""全过程托管"农业生产性服务业,支持服务组织开展产前、产中、产后全方位生产性服务。具体做法是,以县属国企齐源集团为龙头,吸纳农民合作社、村级经济组织、家庭农场和小农户构建起"国企+乡镇联合社+党支部领办合作社+新型经营主体+农户"的联农带农服务机制和全域服务网络。

其次,细化服务规范,服务标准化。齐河县积极探索建立了具有齐河特色,能借鉴、可推广的农业社会化服务标准。2015年在全国率先制定了《山东省齐河县小麦、玉米质量安全生产标准综合体县市规范》《山东省齐河县小麦、玉米生产社会化服务标准综合体县市规范》,顺利通过国家相关单位专家的评审,是全国首个粮食安全生产和农业社会化服务标准综合体的县(市)规范。两大标准严格执行小麦、玉米生产的水质、大气、土壤、耕作、管理、科技、农药使用、肥料选择、社会化服务等农业标准规范,让社会化服务组织有"标"可依,保证了服务质量,确保了农业全过程绿色高质高效生产。

再次,推行联农带农,促进经营集约化。针对一家一户的分散经营生产规模小、生产标准化水平低、产品交易成本高、抵御市场风险和自然风险的能力较弱。齐河县通过完善的社会化服务体系,从种到收全面推行"八统一"链条式服务,提升农民的组织化程度,提高市场竞争力,增加农民收入。一是把分散的一家一户的小规模经营纳入社会大生产的轨道,大幅降低市场风险和自然风险,提高农业的整体素质和市场竞争力,促进生产发展、农民增收。二是通过服务组织的引导,各生产要素的配置能够形成适度规模生产经营,加上服务组织良好的管理和运行机制,能够避免生产经营的盲目性和随意性,整合生产要素,实现农村资金、技术、劳动力、设施等生产要素的最佳配置,聚合分散的农村生产力,使农业结构更加合理。

最后,延伸服务链条,推动服务产业化。齐河县坚持以工业化思维抓农业,以产业化思维抓社会化服务,积极培育壮大农业生产性服务业,培植壮大服务组织。例如,山东一大型农业服务公司致力推动的社会化服务就取得了良好成效。

该大型农业服务公司注册资金 1600 万元,现有管理、农技人员 58 人,机械操作员 320 人,季节性用工 1000 人;拥有固定资产 1500 万元,建有种子、农药、化肥、设备等库房面积 8000 平方米,培训室 200 平方米,办公室、档案室 200 平方米,配有植保、耕种、收获等农业机械设备 496 台套,其中,美国罗宾逊 R44 直升机 1 架、无人机 6 架、大型拖拉机 28 台、小型拖拉机 20 台、播种机 40 台、深耕机 20 台、病虫草害防治机械 216 台、运输车辆 8 台、培训设备 30 台套,2016 年公司投资 150 万元引进巴西捷科多植保设备 25 台套,2019 年购入克拉斯 850 青储机 1 台,克拉斯割草机、克拉斯多功能 DD500 青储割台、克拉斯苜蓿捡拾割台、马斯奇奥搂草机各 1 台机,日防治能力达到 10 万亩。公司成立以来,重点针对承包大户、种植大户和家庭农场等经营主体,以病虫害统防统治为主开展菜单式、托管式、承包式和跨区作业等多种形式的社会化服务。公司运营至今已服务完成统防统治面积 700 万亩次;土地深耕深松 22 万亩;小麦、玉米收割 28 万亩次;地面除草服务年作业面积 20 万亩次;林业有害生物防控作业 121.6 余万亩。服务区域也由山东省齐河县拓展到江苏省、山西省、河南省等其他周边地区。

山东一大型农业服务公司通过专业标准化的服务开展全程社会服务,建设智慧农业平台,以现代科学技术提升农业发展水平,以精准而全面的标准化服务创新农业体制改革。主要有如下特点:

第一,标准化的农业社会化服务模式。公司现有全程化服务标准 682 项,其中采纳了国行地标总共 579 项,由公司自己制定的企业标准 102 项,成为农业服务行业标准化最全最细最精准的"排头兵"。

第二,提高农民的组织化程度,带动当地农民就业增收。实行统一的农资供应、生产操作规程、技术标准、培训、品种、种植面积等。以公司为载体,对农民进行有关农业社会化服务的培训,让农民逐渐地认识、理解和接受农业社会化服务的好处,并根据农民现实情况,利用公司的优势,解决农民单家独户在农业生产中存在的问题和困难,从而逐步全面实行农业社会化服务全覆盖。在"公司+合作社+农户经营"模式下,公司与全县 15 个合作组织合作,服务网络遍及各乡镇。通过与各乡镇的植保合作社、农机合作社、粮食种植合作社合作整合社会资源,推进全县农业社会化服务进程,制定小麦,玉米周年生产方案,选育良种,科学用药,推广先进的农业机械,减少化肥、农药的用量,节本增效效果显著。该企业的服务模式有效带动当地人员就业人数达到数千人,为增产增收作出了贡献。

第三,以统防统治为切入点,服务农、林业。在农、林业上实施统防统治,大包装供药,可以减少农药包装、流通费用,降低用药成本。科学用药,减少使用次数,更好地保护环境,根据实际情况制定病虫害防治技术,并科学提供作物增产方案,以确保实现增产增收。

经过上述努力,齐河县已逐渐培育出覆盖产前、产中、产后的社会化服务体系。该体系不仅能满足了不同规模农户的生产服务需求,还在一定程度上节省了其生产成本,同时也推动了农业生产专业化和标准化。

第二节　绿色优质高效型粮食生产的升级转型

推动绿色优质高效的粮食生产,是响应全球可持续发展号召、满足人民日益增长的美好生活需要的必然选择。随着我国人口数量的不断增加和人民生活水平的显著提高,对粮食的需求已从单纯的数量满足转变为对粮食质量和安全的更高追求。绿色优质高效的粮食生产模式,注重在生产程中保护环境、节约资源,同时追求高产高效,确保粮食供给的稳定性和可靠性。这种生产方式倡导使用有机肥料替代化学肥料,实施病虫害的生物防治,以减少对土壤和水源的污染。它强调生态平衡,通过轮作休耕、种植绿肥作物等措施,恢复和增强土壤肥力,实现农业生产的可持续循环。此外,绿色优质高效的粮食生产还鼓励发展设施农业、精准农业等现代农业技术,提高土地利用效率,减少资源浪费,同时通过品种改良和栽培技术创新,提高作物的抗逆性和产量。

从政府层面考虑,为了保障国家粮食安全,促进农业绿色发展,出台了一系列扶持政策,包括财政补贴、税收优惠、金融支持等,为农民和农业企业转向绿色优质高效生产提供了良好的外部环境。这些政策的实施,不仅有助于解决当前的环境问题,而且为子孙后代留下可持续发展的空间。

另外,随着消费者对健康、营养、口感等品质的要求越来越高,绿色优质高效的粮食产品更能满足市场的高端需求,提升农产品的附加值,增加农民的收入。同时,绿色食品的认证和品牌化经营,也有助于提升农产品的市场竞争力,开拓国内外市场。

因此,推动绿色优质高效的粮食生产,是实现农业可持续发展、保障国家粮食安全、提升农产品竞争力、满足人民生活需求的重要途径。我们必须采取切实有效的措施,加快推广绿色生产技术,优化产业结构,培养新型职业农民,构建覆盖全产业链的绿色服务体系,以实现农业生产的绿色革命,为建设美丽中国贡献力量。

一、化肥、农药减量与节水、节肥之下的高产稳产

化肥、农药作为现代农业生产的重要支撑,它们在提高粮食产量和质量方面发挥了不可替代的作用。然而,长期过度使用化肥、农药已经导致了一系列严重的环境问题,如土壤板结、地下水位下降、水体富营养化等。这些问题不仅影响了农业生态系统的平衡,还对人类健康构成了潜在威胁。因此,实现化肥、农药减量,是降

低农业面源污染、保护农业生态环境、保障农产品质量安全的必要举措。

另一方面,我国水资源短缺的问题一直非常突出。农业作为淡水资源的最大消耗者,其用水效率的高低直接关系到国家水资源的可持续利用。通过推广滴灌、喷灌等节水灌溉技术,可以有效提高水资源的利用效率,减少水资源的浪费。此外,改进耕作方式,如深松耕、保护性耕作等,可以增加土壤的保水能力,进一步提高水资源的利用效率。节水不仅是解决我国水资源短缺问题的重要途径,也是实现绿色农业发展的必然要求。

化肥、农药减量和节水、节肥这两项措施虽然看似简单,但它们之间却有着密切的联系。化肥、农药的过量使用会导致土壤微生物活性下降,土壤结构变差,从而影响作物对水分和养分的吸收利用。而化肥、农药的过量使用也会加剧水资源的污染,使节水措施的效果大打折扣。因此,只有实现化肥、农药减量和节水、节肥双管齐下,才能真正实现农业的绿色发展。

齐河县坚持“保护优先,源头减量”的原则,严格生态保护红线管控,推动农业绿色发展,从源头减少农业面源污染。2022 年,在整建制推进高标准农田建设和小麦、玉米良种 100% 全覆盖基础上,齐河县大力实施化肥、农药减量工程和节水、节肥增产工程,科学使用化肥、农药,推进农业投入品减量增效,实现农药、化肥使用负增长。

首先,农药减量。齐河县实施农药减量增效行动,制定了《齐河县绿色食品原料标准化生产基地农业投入品管理办法》《农业投入品公告制度》,规定严格控制高毒高风险农药使用,推广高效低毒低残留农药、生物农药等新型产品和先进施药器械。全面落实农药经营许可制度和限制使用农药（含高毒农药）定点经营制度，杜绝生产、经营和使用国家公布的禁用农药，加强农民用药技术指导。构建现代病虫害监测预警体系，大力推广精准施药和科学用药技术，减少盲目用药、乱用药、滥用药。同时，提升农药喷洒机械化和智能化。齐河县在全县率先建立农作物病虫害智能化监测平台5套，积极推行统防统治，组建了专业化的植保服务组织29家，日作业能力达到10万亩，年统防统治面积达到160万亩/次，统防统治覆盖率达到40%以上。此外，还积极推广绿色防控技术，提高农民科学用药的意识和技术。比如，齐河县针对小麦和玉米等粮食作物开展的整建制统防统治服务作业，极大提升了农药使用的科学性和精准性。

其次，化肥减量。齐河县积极贯彻执行国家和山东省的化肥质量标准，并制定《齐河县2022年化肥减量增效项目实施方案》，持续推进测土配方施肥，优化施肥方式，调整施肥结构，通过多种途径替代部分化学肥料投入，提升施肥专业化、智能化和绿色化水平。齐河县每年组织专业技术人员进行取土化验，按照土壤养分状况设计小麦、玉米施肥方案，全面实施耕地质量监测，实现了小麦、玉米等主要农作物全覆盖。同时，集成推广化肥机械深施、种肥同播、水肥一体等绿色高效技术和有机肥替代化肥技术，通过配套建设滴灌设施，将施肥和灌溉同步进行，提升节水和节肥水平，并将有机肥替代化肥技术列为职业农民和新型经营主体培训重点内容。此外，齐河县还推进机械施肥，向农业种植合作社、家庭农场推广化肥深施及机械追肥技术。

最后，提升耕地保护水平。齐河县严格执行耕地保护制度，划定永久基本农田面积105.84万亩，其中划定粮食生产功能区为

89.3万亩,结合高标准农田建设,大力实施耕地质量保护与提升行动。严格落实各项基本农田补划措施,实现耕地数量、质量、生态动态监管,加强基本农田保护,确保耕地总量动态平衡。制定完善耕地保护制度,把耕地保护尤其是基本农田保护工作纳入法治化、规范化、制度化轨道,建立健全耕地保护举报、巡查、责任追究制度,比如胡官屯镇制定了"田长制"。认真落实耕地地力保护补贴政策,严格执行"四控一减""清洁生产"、生态循环等农业资源利用方式。

胡官屯镇推行"田长制"的工作任务主要为以下几点。

一是确保耕地数量不减少和粮食播种面积稳定。根据县下达胡官屯镇耕地保有量和永久基本农田保护任务,把任务下达到各村,落实到组户,确保耕地和永久基本农田面积不减少。加强耕地抛荒调查监测和系统治理,提高粮食综合生产能力,确保粮食播种面积、粮食产量完成上级下达的目标任务。制定年度耕地"进出平衡"总体方案,确保耕地指标维持安全水平。

二是严格规划管控,强化耕地用途管制。科学编制耕地保护,明确稳定利用耕地、永久基本农田、耕地后备资源。按上级文件要求,严格落实建设项目占用耕地比例,在预审阶段严格审查占用耕地及永久基本农田情况,尽量不占或少占耕地。对重大建设项目选址,确需占用耕地超过一定规模或比例且不可避让的,需明确比选方案,进行专项论证,并通过工程措施切实有效降低耕地占用数量,严格落实耕地占补平衡。

三是坚决遏制耕地"非农化"。坚决落实国务院制止耕地"非农化"、深入开展农村乱占耕地建房和违法违规占用永久基本农田植树造林、挖塘养鱼等专项整治。持续开展违建房清查等违法占用耕地专项整治行动。加强宅基地动态监测监管,对新出现的增量耕地"非农化"问题,发现一起、制止一起、查处一起,对新增农村乱占耕地建房坚决做到"零容忍"。

四是严格管控耕地"非粮化"。分类明确耕地用途,严格落实耕地利用优先顺序,确保耕地(不含严格管控区内污染耕地及其他法律法规规定不宜种植粮食的耕地)主要用于粮食、蔬菜等农产品及饲草饲料生产,永久基本农田重点用于粮食生产,高标准农田原则上全部用于粮食生产。严格管控耕地转为其他农用地。

五是提升耕地质量。实行耕地质量与耕地数量同等保护,统筹好耕地质量建设资金来源。强化耕地质量监测监管,稳步开展耕地质量等级调查评价。因地制宜、综合施策,制定科学合理的耕地质量管理机制和提升技术模式,推广保护性耕作模式,全面提升耕地质量、农田生态保护和受污染耕地安全利用水平。通过推广秸秆还田、深翻耕、增施有机肥等措施加大中低产田改造力度,提升耕地地力等级。

经过上述努力,齐河县农业的用肥用药逐渐规范化和科学化,农业废弃物的综合利用水平也得以提高,逐步建立起农业和环境良性互动的发展格局。

二、农业循环生产模式下绿色发展理念的落实

从环境保护的角度来看,循环生产模式强调物质的循环利用和能量的高效转换,这有助于减少农业生产过程中对外部资源的依赖,如化肥和农药的使用。这些化学物质的大量使用不仅会导致土壤结构恶化,还会加剧地下水和周边水体的污染,破坏生态平衡。而循环农业通过有机肥料的替代使用、秸秆的还田以及病虫

害的生物防治等措施,能够有效提高土壤质量,增加土壤有机质含量,从而提高土壤的保水保肥能力和作物的抗逆性。这样的生产模式不仅能够减少对环境的压力,还能够为农业的可持续发展奠定坚实基础。

从资源利用的视角出发,循环生产模式强调资源的最大化利用和最小化损失。在粮食生产中,这意味着通过科学的田间管理,如合理密植、优化灌溉制度等,提高单位面积的产量,从而减少对新增耕地的需求。同时,通过作物轮作和间作等方式,可以实现作物养分的互补,减少单一作物种植带来的养分枯竭问题,进一步提高土地的生产力。此外,循环农业还包括水资源的高效利用,比如雨水收集、滴灌和喷灌等节水灌溉技术的应用,能够显著减少水资源的浪费,对水资源匮乏的地区尤为重要。

在经济效益上,循环生产模式通过提高资源利用效率,可以降低生产成本,增加农民收入。例如,利用农作物秸秆制作有机肥料,既解决了秸秆焚烧造成的环境污染问题,又为农田提供了天然的肥料来源,减少了化肥的购买和使用。同时,在循环农业模式下,农场产生的废弃物如动物粪便可以转化为能源或有机肥料,形成闭环,减少了对外部能源的依赖,降低了生产成本。

从社会责任和公众健康的角度考虑,绿色优质高效的粮食生产能够保障食品安全,提供符合健康标准的食品给消费者。随着消费者对食品安全和健康的关注日益增加,生产出无公害、低残留的粮食产品,不仅能够满足市场需求,还能够提升农产品的市场竞争力,增加农民的收入。

齐河县秉承绿色发展理念,探索绿色生产方式,推动种养结合,大力发展循环农业。

　　首先,秸秆全量化利用。齐河县积极拓展秸秆肥料化、饲料化、能源化、基料化、原料化利用渠道,联合齐河中持绿色能源环境科技有限公司,探索出"麦秸覆盖、玉米秸秆全量粉碎还田技术模式",项目投产后可年处理秸秆6万吨。2018年,全县农作物秸秆综合利用率达到95%以上,比全省平均水平高出5个百分点。

　　其次,实施废弃物回收工程。齐河县制定《农药废弃包装物回收和集中处置试行办法》,建立以"市场主体回收、专业机构处置、公共财政扶持"为主要模式的农药废弃包装物回收和集中处置体系。同时,齐河县还探索建立废旧农膜回收体系,逐步建立废旧农膜回收制度,试点"谁生产、谁回收"的地膜生产者责任延伸制度,实现地膜生产企业统一供膜、统一回收。为了提升地膜回收度,齐河县加大新修订的地膜国家标准宣传贯彻力度,推广使用0.01毫米以上标准地膜,从源头保障地膜可回收性,防止了农药包装物的田间污染。此外,齐河县还在全县范围内率先推广使用双降解地膜,开展全生物可控降解地膜试验,2018年推广使用4000余亩,全县农膜回收利用率达到81%;同时还组织支持高等院校、科研院所和企业联合攻关,探索农膜污染防治新模式。

　　再次,开展农用土地保护和修复工程。齐河县积极开展土壤污染状况调查,有序推进耕地土壤环境质量类别划定,建立分类清单,根据土壤污染状况和农产品超标情况,结合当地主要作物品种和种植习惯,制定实施受污染耕地安全利用方案,采取农艺调控、替代种植等措施,降低农产品超标风险。同时,根据农用地污染程度、环境风险及其影响范围,确定治理与修复的重点区域,有序开展治理与修复。此外,齐河县也进一步加强对严格管控类耕地的用途管理,依法划定特定农产品禁止生产区域,严禁种植食用农产品。

最后,整建制推进种养一体化生态循环农业。齐河县积极与高校及科研单位合作,探索粮食绿色高质高效生产模式。开展农田生物多样性等 8 大清洁生产技术试验,集成多项农田清洁生产技术,配套推广使用,实现了土壤环境质量监测点位县域全覆盖,探索构建了"种养结合化+生产标准化+生物多样化"的集约化农区清洁生产型现代生态农业建设模式,推进种养一体化生态循环发展。

总之,齐河县积极探索生态循环农业发展模式,与企业、科研院所等机构合作,探索将居民生活和农业生产废弃物无害化处理和再利用,进而综合循环利用,为农业生产贴上"绿色"标签,让农民在生产绿色农产品中增收。

第三节 现代粮食生产体系的有序运转

构建农业产业化体系对推动农业绿色高质量发展至关重要。通过"吨半粮"的建设及粮食的绿色生产,齐河县逐渐建成了全国面积最大的 80 万亩粮食绿色优质高效示范区,率先实现 20 万亩全国最大面积"吨半粮"生产能力。为了提升农业的生产效率,近年来,齐河县坚持强龙头、补链条、兴业态、树品牌的理念,不断完善"粮头食尾""农头工尾"产业链,积极培育壮大农产品深加工产业,建立从供种、种植、收获到仓储、加工、销售全链条一体化的农业产业化体系。2021 年 12 月,在齐河县委工作部署会议强调产业强县建设,指出"之前我们提出的目标,是现代化新型工业强县、建设绿色优质高效农业大县和享誉全国文旅名县。今年我们要提三强县,就是不仅工业强县,我们也要农业强县、文旅强县。就是建设现代化新型工业强县、绿色优质高效农业强县、享誉全国文旅强县。今后,农业和文旅都要由大到强、由名到强。现代化新型工业强县建设上,总的思路,就是'龙头带产业、产业延链条、链条成集群、集群建园区'"。

一、粮食生产产业链的延伸与品牌建设

农业产业链是农业发展的重要支撑和持续发展的必要条件,其不仅可以保证农业生产的稳定和高效,还能提高农产品的附加值。在农业产业链的上游,主要是农产品的生产环节,而下游则涉及农产品的加工、运输、销售等多个环节。在传统的农业生产模式中,农产品往往只能以原材料的形式进入市场,其附加值相对较低。而通过培育和延伸产业链,可以将农产品深加工,开发出更多种类、更高附加值的产品。例如,将玉米加工成淀粉、糖浆等高附加值产品,或者将茶叶进行深加工,开发出各种茶饮料、茶食品等。此外,通过产业链的延伸,还可以将农产品与其他产业相结合,如农旅结合、农文结合等,进一步提高农产品的附加值。

另外,培育和延伸产业链有助于优化资源配置,提高资源利用效率。在农业产业链的各个环节中,需要投入不同类型的资源,如土地、水、化肥、农药等。在传统的农业生产模式中,由于缺乏对整个产业链的规划和管理,往往会出现资源错配、浪费严重等问题。而通过培育和延伸产业链,可以更好地规划和管理这些资源,实现资源的优化配置。例如,在产业链的上游,可以通过科学施肥、节水灌溉等技术手段,提高土地的利用率和作物的抗逆性;在产业链

的下游,可以通过改进加工工艺、提高设备效率等手段,降低能源消耗和原材料损失。

培育和延伸产业链还有助于提高农业的抗风险能力。现代农业面临着诸多风险,如自然灾害、市场波动等。在传统的农业生产模式中,农民往往缺乏对这些风险的应对能力,一旦发生风险事件,很容易造成严重的损失。而通过培育和延伸产业链,可以将农业生产纳入更大的产业体系中,实现风险的分散和转移。例如,在产业链的上游,可以通过种植结构的调整、农业保险的普及等手段,降低自然灾害对农业生产的影响;在产业链的下游,可以通过建立稳定的销售渠道、加强市场信息的收集和分析等手段,降低市场波动对农产品销售的影响。

因此,构建农业产业化体系,培育和延伸产业链是一项关键举措。这不仅可以促进农业生产的专业化和精细化,提高农产品的附加值;还可以优化资源配置,提高资源利用效率;更可以提高农业的抗风险能力,推动农业的可持续发展。在绿色生产的产业链条中,除了要在源头上保证绿色生产,还要在加工、流通、销售和消费上做足努力,而这些需要政府及市场经济组织共同努力完成。

在齐河县,当地政府正在着力构建这一套产供销体系。

首先,齐河县积极实施全产业链培育工程。大力发展农产品深加工产业,以粮食、藜麦、蔬菜和菌类等为重点,培育农业产业化龙头企业,提升农产品精深加工水平。加大与高校科研院所对接,依托企业建设一批专业化实验室、研发中心、检测中心等平台,扎实开展农产品精深加工技术研发和成果转化。大力发展农产品冷链物流,提高全县农产品冷链物流发展水平和效率。同时,也鼓励经营主体在开展无公害农产品、绿色食品认定认证和产品商标注册,产品包装设计,发展电商销售、数字农业的发展。

　　齐河县坚持以工业化思维抓粮食生产,建立从粮食供种、种植、收获到仓储、加工、销售全链条一体化的农业产业化体系。特别是自2021年以来,整合涉农资金3700余万元,投资5亿元,由县属国有企业齐源绿季集团作为投资和运营主体,在全县15个乡镇(街道)建设粮食产后服务中心,在全国产粮大县中率先实现烘干仓储乡镇全覆盖,全县产后服务工作被山东省粮食和物资储备局誉为粮食产后服务可持续发展的"齐河模式"。同时,积极强化"五代"服务,助力农民增产增收。粮食产后服务中心为农户提供代烘干、代加工、代存储、代清理、代销售的粮食"五代"产后服务,实现"运营主体、资金投入、土地保障、技术人员"等要素保障,积极引导全县95家粮食经营企业和服务点,将粮食收购网络延伸到全县主要中心村镇、田间地头,实现3000米售粮服务圈。

　　其次,加强农产品品牌建设。齐河县实行"品牌战略",发布《齐河县小麦、玉米质量安全生产标准综合体县市规范》和《齐河县小麦、玉米生产社会化服务标准综合体县市规范》两个国家级标准,保障粮食高产、高效、优质、安全、生态。在此基础上,注册了"齐河小麦""齐河玉米""华夏一麦"3个国家地理商标。依托"黄河味道·齐河"区域公用品牌,确立"区域公用品牌+企业品牌"双品牌带动战略,鼓励企业和各类经营主体使用区域公用品牌,以品牌共享机制为纽带,组织农作物生产企业、加工物流企业、合作社、家庭农场等,依托生产标准、质量标准、管理标准,设置共享条件,建立区域品牌共享机制。全力打造一批生产基地、培植一批龙头企业、培育一批知名品牌、形成一批产业集群,如齐河县城市经营建设投资有限公司围绕齐河品牌建设出台品牌项目规划。

二、粮食生产安全标准和监管体系的完善与运行

构建农业产业化体系,安全标准和安全监管体系是不可或缺的两大支柱。确保农产品的质量安全,不仅关系到国内消费者的生命健康,也直接影响到我国农产品在国际市场上的竞争力和形象。

安全标准和安全监管体系的建立,正是为了从源头上把控农产品的质量安全,防止不合格产品流入市场,从而保护消费者的合法权益,维护我国农产品的国际声誉。例如,欧盟对食品安全有着极其严格的规定,任何进入欧盟市场的食品都必须符合其严格的食品安全标准。中国的一些农产品生产商在了解这一情况后,主动改进生产流程,提升产品质量,最终成功打开了欧盟市场的大门。

因此,构建农业产业化体系,必须将安全标准和安全监管体系作为核心组成部分,通过科学合理的标准制定和严格有效的监管执行,确保农产品的质量安全,为我国农业的持续发展和全球竞争力的提升奠定坚实的基础。

齐河县尤为重视农产品的质量,不断强化农产品质量监管,健全农产品监管追溯体系,建设了农产品质量安全追溯平台,加大农资市场监管和农产品质量抽检力度,落实生产主体责任,把好市场准入、准出关口,确保农产品抽检合格率稳定在98%以上,实现农产品生产全程可追溯管理。

在粮食存储上,齐河县不断夯实地方粮食储备,主要从三个方面着力,其一,加强执法监管,保障质量安全。齐河县结合"强监管严执法重处罚行动年"活动,强化执法监督管理,加强出库、入库监管,强化存储管控,做到有仓必到、有粮必查、有账必核、查必

彻底,坚决保障地方储备粮质量安全。其二,多元化承储,确保数量安全。自2023年以来,齐河县在原有省级储备粮、县级储备粮、地方储备油的基础上,新增地方成品粮储备,建立动态储备,实现了承储主体多元化。其三,开展智慧粮库建设,夯实仓储安全。创新应用"物联网+智能化"储粮技术,做到信息化建设、库存动态监管和库存粮食"低温、低氧、低能耗"三低智能绿色管理全覆盖。从粮食入库、储存、出库等全环节质量控制,到温度、湿度、虫害等实时化预警管理,全部纳入粮库智能化控制平台系统,实现绿色智慧储粮。

在粮食运输上,齐河县织密粮食应急保障网络。一是优化粮食应急保障网络布局。齐河县在全省率先完成粮食应急供应网点建设,按照每个乡镇(街道)至少有1个应急供应点的原则,高位谋划粮食应急供应网点布局,打造以粮食应急供应网点为骨架,覆盖全县所有乡镇(街道)的粮食应急供应网络体系。二是加大资金投入。投入财政资金75万元,配备33辆粮食应急专用车,确定6家粮油应急加工、储运企业,粮食应急供应、加工、储运能力得到全方位保障。确保用时调得出、急时用得上,打通保障粮食安全的"最后一公里"。三是畅通运输渠道。大力发展原粮"四散"(散装、散运、散卸、散存)运输,加快推广应用新型专用运输工具和配套装卸设备,加强对粮食专用运输车辆的技术规范认证。

综上所述,构建农业产业化体系是实现农业绿色高质量发展的重要途径。通过产业化经营,可以优化资源配置,提高生产效率;可以实现农产品的加工、销售和品牌化,增加农民收入;可以推动科技创新,提高农业生产水平;可以更好地满足市场需求,提高农业的市场竞争力;可以促进农村经济的多元化发展,提高农民的生活水平。

首先,产业化体系能够促进农业生产的规模化和集约化,从而实现资源的优化配置。通过规模化经营,可以降低对农药和化肥的需求,因为规模化经营有助于采用先进的农业技术和病虫害综合管理策略,从而降低对环境的负面影响。

其次,农业产业化体系强调生产过程的规范化和标准化,这有助于提高农产品的质量和安全水平。通过实施统一的生产标准和操作流程,可以确保农产品从种子选择到收获后处理的每一个环节都符合绿色生产的要求,减少有害物质的使用,保护生态环境。

再次,产业化体系通过整合上下游产业链,促进了农产品的加工、销售和品牌化。这种一体化运作有助于提高农产品的附加值,为农民创造更多的收入机会。同时,它也为消费者提供了更加多样化和高品质的农产品选择。

最后,构建农业产业化体系还可以促进农村经济的多元化发展。除了传统的种植业和养殖业,农业产业化还涵盖了农产品加工业、农村服务业等多个领域,这些产业的发展可以为农民提供更多的就业机会,增加收入来源,促进农村经济的全面发展。

总而言之,齐河县牢固确立绿色发展理念,创新完善绿色发展机制,全面落实国家农业绿色发展先行区建设各项目标任务,走出高质、产品安全、资源节约、环境友好的绿色发展之路,建成绿色空间合理、绿色经济发达、绿色环境优美、绿色人文繁荣、绿色制度创新的国家绿色发展先行区,打造绿色发展的"齐河模式"和乡村振兴的"齐河样板"。

参 考 文 献

1. 保海旭、杜宁让:《政府绩效激励变迁与解构》,《兰州学刊》2015 年第 1 期。

2. 曾凡军、邹希婕、粟钰清:《示范赋能抑或示范负能?——符号资本视角下基层示范建设的"双刃剑"效应》,《甘肃行政学院学报》2023 年第 5 期。

3. 陈朋:《隐性激励:地方官员激励机制的一种客观形态》,《浙江学刊》2023 年第 2 期。

4. 陈庆云、鄞益奋、曾军荣等:《公共管理理念的跨越:从政府本位到社会本位》,《中国行政管理》2005 年第 4 期。

5. 陈义媛:《小农户的现代化:农业社会化服务的组织化供给机制探讨》,《南京农业大学学报(社会科学版)》2023 年第 5 期。

6. 陈振明、薛澜:《中国公共管理理论研究的重点领域和主题》,《中国社会科学》2007 年第 3 期。

7. 崔奇峰、王秀丽、钟钰等:《"十四五"时期我国粮食安全形势与战略思考》,《新疆师范大学学报(哲学社会科学版)》2021 年第 1 期。

8. 耿宁、李秉龙:《标准化农户规模效应分析——来自山西省怀仁县肉羊养殖户的经验证据》,《农业技术经济》2016 年第 3 期。

9. 郭晓鸣、温国强:《农业社会化服务的发展逻辑、现实阻滞与优化路径》,《中国农村经济》2023 年第 7 期。

10. 金书秦、牛坤玉、韩冬梅:《农业绿色发展路径及其"十四五"取向》,《改革》2020 年第 2 期。

11. 李刚:《传统农业经济转型路径与绿色农业发展协同机制研究》,《农业科学研究》2018 年第 2 期。

12. 李金才、张士功、邱建军等:《我国农业标准化现状及对策》,《农村经济》2007 年第 2 期。

13. 李乐乐、张雨晴:《古德彬:地方政府对中央政策响应差异化的影响因素及机制分析——基于医保支付方式改革的多案例比较》,《公共管理学报》2024 年第 2 期。

14. 李岩:《我国农业标准化发展与调整方向的探讨》,《农业现代化研究》2005 年第 2 期。

15. 李玉霞:《乡村振兴背景下基层政府农业政策的"适应性执行"——以鄂西 Y 县柑橘产业为例》,《农业经济问题》2024 年第 3 期。

16. 李祖佩:《目标管理责任制的村庄运行机制研究——兼议国家权力的实现基础》,《中国农村观察》2019 年第 3 期。

17. 林民望、谢慧娟:《中央全面深化改革议题的注意力配置及演化规律研究——基于 65 次深改会议的文本分析》,《太原理工大学学报(社会科学版)》2023 年第 1 期。

18. 林雪霏:《政府间组织学习与政策再生产:政策扩散的微观机制——以"城市网格化管理"政策为例》,《公共管理学报》

2015 年第 1 期。

19. 林毅夫:《中国经验:经济发展和转型中有效市场与有为政府缺一不可》,《行政管理改革》2017 年第 10 期。

20. 林毅夫:《中国式现代化的经济学逻辑与世界意义》,《科学社会主义》2023 年第 1 期。

21. 刘慧岭、丁凡、林慧君等:《标准化助推战略性新兴产业攀上国际竞争制高点》,《中国标准化》2017 年第 7 期。

22. 刘鹏:《从分类控制走向嵌入型监管:地方政府社会组织管理政策创新》,《中国人民大学学报》2011 年第 5 期。

23. 刘述良、吴少龙:《县域项目制治理:理念与机制》,《上海交通大学学报(哲学社会科学版)》2023 年第 9 期。

24. 刘天琦:《宋俊杰·财政支农政策助推乡村振兴的路径、问题与对策》,《经济纵横》2020 年第 6 期。

25. 刘熙瑞:《服务型政府——经济全球化背景下中国政府改革的目标选择》,《中国行政管理》2002 年第 7 期。

26. 卢宇、沈秋彤:《政府主导视角下现代农业社会化服务体系发展研究》,《地方财政研究》2023 年第 10 期。

27. 吕莉敏等:《高素质农民培训效果文献综述》,《机械职业教育》2023 年第 4 期。

28. 马庆钰:《关于"公共服务"的解读》,《中国行政管理》2005 年第 2 期。

29. 马晓河、杨祥雪:《以加快形成新质生产力推动农业高质量发展》,《农业经济问题》2024 年第 4 期。

30. 马兴栋、霍学喜:《苹果标准化生产、规制效果及改进建议——基于山东、陕西、甘肃 3 省 11 县 960 个苹果种植户的调查分析》,《农业经济问题》2019 年第 3 期。

31. 马智宇、周小平、卢艳霞:《我国财政支农存在的问题与对策》,《经济纵横》2011 年第 4 期。

32. 潘洋、杨嘉帆:《以科标互促为抓手,助力质量强国建设——新型研发机构贯彻落实〈质量强国建设纲要〉的思考与建议》,《标准科学》2023 年第 5 期。

33. 乾美:《乡镇财政资金监管问题及策略探究——以湖北省 X 乡为例》,《财政监督》2023 年第 22 期。

34. 宋洪远、江帆:《农业强国的内涵特征、重点任务和关键举措》,《农业经济问题》2023 年第 6 期。

35. 宋明顺等:《从农技推广到知识传播:农业标准化作用的新视角》,《农业经济问题》2014 年第 1 期。

36. 孙学涛、张丽娟、王振华:《高标准农田建设对农业生产的影响——基于农业要素弹性与农业全要素生产率的视角》,《中国农村观察》2023 年第 4 期。

37. 王晓君、何亚萍、蒋和平:《"十四五"时期的我国粮食安全:形势、问题与对策》,《改革》2020 年第 9 期。

38. 王云鹏、邓蒲洋:《农业生产社会化服务政策执行及相关资金审计思路》,《审计观察》2023 年第 11 期。

39. 燕艳华、王亚华、云振宇等:《新时期我国农业标准化发展研究》,《中国工程科学》2023 年第 4 期。

40. 杨得前、刘仁济:《中央财政转移支付政策变迁的注意力分配及其逻辑阐释》,《财政研究》2022 年第 11 期。

41. 于法稳、王广梁:《推进农业生产方式绿色转型的思考》,《中国国情国力》2021 年第 4 期。

42. 于冷:《对政府推进实施农业标准化的分析》,《农业经济问题》2007 年第 9 期。

43. 袁方成、王悦:《以赛促治:"达标锦标赛"如何驱动治理有效》,《公共行政评论》2023 年第 6 期。

44. 原超:《政绩竞争与条块合作:指数驱动地方政府治理的运作逻辑——基于 S 市公安局"平安指数"项目的分析》,《公共管理学报》2024 年第 2 期。

45. 张亨明、章皓月、朱庆生:《"十四五"时期我国粮食安全保障问题研究》,《浙江工商大学学报》2022 年第 3 期。

46. 张耀钢:《农业技术推广方式的重大创新——"农业科技入户"模式的理论与实践》,《江苏农村经济》2007 年第 5 期。

47. 张宇翔:《"十四五"时期优化农业生产布局的思考与建议》,《宏观经济管理》2020 年第 8 期。

48. 张志原:《党建统合下的条块分割治理路径——基于 Z 省和 S 省驻京机构的对比分析》,《北京社会科学》2024 年第 2 期。

49. 赵佩佩等:《社会经济地位差异与农业绿色防控技术扩散倒 U 型关系:社会学习的中介效应》,《干旱区资源与环境》2021 年第 8 期。

50. 周志忍:《政府绩效管理研究:问题、责任与方向》,《中国行政管理》2006 年第 12 期。

51. 朱信凯:《中国式农业农村经济治理:党执政兴国的根基》,《华中农业大学学报(社会科学版)》2023 年第 4 期。

后　记

　　本书系共计6本。除总论外,从"地、技、义、利、人"五个维度展开深入研究,分别对应"藏粮于地""藏粮于技""政府责任""农民利益"以及"农耕文明"的目标与愿景。本研究以齐河县为代表的山东省县域实践为样板范例和研究对象,对县域整建制、大规模提升粮食单产,保障国家粮食安全的措施、方法、逻辑和机制进行了全面而系统的探讨。通过实证研究,得出了具有启发性的理论与政策层面的结论,期望能为进一步夯实国家粮食安全根基贡献力量,同时也作为山东省扛起农业大省政治责任、打造乡村振兴"齐鲁样板"的一项系统性理论成果。

　　本项研究于2023年年初正式启动。研究团队在德州市齐河县开展了长时间、大规模的实地调研,并多次召开研讨会和论证会,对观点进行提炼,对提纲进行整理与完善。研究和撰写工作主要由来自中国人民大学、北京师范大学、华东理工大学和中共山东省委党校(山东行政学院)的学者承担。在此过程中,研究得到了中共山东省委党校(山东行政学院)、山东省农业农村厅领导同志以及德州市、齐河县党政领导同志的鼎力支持,为调研工作提供了良好条件;农业专家、种粮农户以及粮食产业链上的各类市场主体给予了我们很大的帮助,为研究提供了丰富的资料和专业建议;人民出版社经济与管理编辑部主任郑海燕编审为本书系的出版付出了诸多心血,提供了大力支持。在此,我们一并表示衷心的感谢。

2024 年 5 月,习近平总书记在山东考察期间,明确提出要求山东建设更高水平的"齐鲁粮仓"。本项研究及本书系的出版,正是贯彻落实习近平总书记重要指示精神的具体实践。在炎热酷暑下,我们深入村落、走访农户,与基层干部、科研人员、农户促膝交流、彻夜长谈,细致查阅各类文献资料、认真研读各级政策文件,正是在这些深入实践、融入实践的过程中,我们对之前学习过的理论知识、政策要求、指示精神有了切实、具体、触达心灵的理解与感悟。如今,在本书系出版之际,回顾 2023 年研究启动时的场景,我们更加深刻地体会到"把论文写在祖国大地上"的内涵与价值。

本书系献给为保障国家粮食安全不懈奋斗、默默奉献的劳动者们!

策划编辑：郑海燕
责任编辑：张　燕
封面设计：牛成成
责任校对：周晓东

图书在版编目(CIP)数据

扛牢"国之大者"的政治责任 ：粮食生产中的有为政府 ／
刘岳，杨润峰，胡欣然著. -- 北京 ：人民出版社，2025. 6.
ISBN 978－7－01－027354－9

Ⅰ. F327.524

中国国家版本馆 CIP 数据核字第 202529NW63 号

扛牢"国之大者"的政治责任
KANGLAO GUOZHIDAZHE DE ZHENGZHI ZEREN
——粮食生产中的有为政府

刘岳　杨润峰　胡欣然　著

人民出版社 出版发行
（100706　北京市东城区隆福寺街 99 号）

中煤(北京)印务有限公司印刷　新华书店经销

2025 年 6 月第 1 版　2025 年 6 月北京第 1 次印刷
开本：710 毫米×1000 毫米 1/16　印张：13. 5
字数：170 千字

ISBN 978－7－01－027354－9　定价：70.00 元

邮购地址 100706　北京市东城区隆福寺街 99 号
人民东方图书销售中心　电话 (010)65250042　65289539